New life
36

New life
36

New life
36

New life
36

史代納

自由的哲學

生命覺醒的奧秘

人智學開創大師一生最重要的思想經典

The Philosophy Of Freedom

魯道夫・史代納（Rudolf Steiner）

著

張家瑞

譯

上圖：1922年6月在奧地利維也納東西方會議上演講的魯道夫・史代納素描（藝術家不詳）

NewLife 36

史代納自由的哲學・生命覺醒的奧秘：
人智學開創大師一生最重要的思想經典

原著書名　The Philosophy Of Freedom
原書作者　魯道夫・史代納（Rudolf Steiner）
譯　　者　張家瑞
封面設計　林淑慧
主　　編　劉信宏
總 編 輯　林許文二

出　　版　柿子文化事業有限公司
地　　址　11677臺北市羅斯福路五段158號2樓
業務專線　（02）89314903#15
傳　　真　（02）29319207
郵撥帳號　19822651柿子文化事業有限公司
投稿信箱　editor@persimmonbooks.com.tw
服務信箱　service@persimmonbooks.com.tw

業務行政　鄭淑娟、陳顯中

初版一刷　2022年9月
出版二刷　2025年4月
定　　價　新臺幣480元
ISBN　978-626-7613-34-4

版本說明

本書英文版自一九二二年到一九六三年以《靈性活動的哲學》為書名出版。
本書所根據的英文版本為英文版第七版，由麥可・威爾森（Michael Wilson）作序，此版本是依據一九六二年的德文版第十二版所譯，版權得到瑞士多納赫「魯道夫・史代納遺作管理委員會」的許可。

國家圖書館出版品預行編目(CIP)資料

史代納自由哲學・生命覺醒的奧秘：人智學開創大師一生最重要的思想經典 / 魯道夫.史代納(Rudolf Steiner)著；張家瑞譯.
-- 一版. -- 臺北市 : 柿子文化, 2025.4
面；　公分. -- (NewLife ; 36)
譯自 : The Philosophy Of Freedom
ISBN 978-626-7613-34-4
1.CST: 靈修

192.1　　114002422

推薦序／

從思考鍛鍊中達到自由的境界

丹尼爾（李怡達）／《奧密科學大綱》譯者

很開心又有史代納博士的著作要出版，這對於華文讀者理解人智學有很大的幫助；《史代納自由的哲學．生命覺醒的奧秘》被譽為理解人智學必讀的五本著作之一，也是五本著作中最早出版的一本，但是這本書的特性與後來的四本有很大的不同，所以對於許多讀者來說，也是會覺得特別困難的一本。

依照史代納博士在自序中的說法，《史代納自由的哲學．生命覺醒的奧秘》在修訂新版時，故意不去提到後來靈性科學的相關內容，而是維持純粹「哲學」的論述方式；另一方面，在《奧密科學大綱》中史代納博士特別說明，《史代納自由的哲學．生命覺醒的奧秘》是另一條修行道路，若是能依書中的指示前進，也能很安全與精確地了解更高層世界的知識，只是這樣的方式對大多數人來說更加困難。因此，若是我們能不急著只想理解《史代納自由的哲學．生命覺醒的奧秘》的內容，而是依照書中的指示慢慢鍛鍊我們的思考，那麼在這個過程中，就能逐漸提升對於自己及世界的理解，進而達到自由的境界。

從這個理路來看，自由並不是一種狀態，而是一種能力，人必須經由自己的努力才能獲得這樣的成果，也沒辦法靠別人或外力來達成。

這次譯本的文字清楚、版面易讀，可以讓人專注於思考的鍛練，誠心地推薦給大家。

推薦序／人生活在靈性世界的真實

張純淑／慈心華德福學校創辦人、
財團法人慈心兒童教育基金會董事長、
財團法人人智學教育基金會執行董事

《史代納自由的哲學．生命覺醒的奧秘》是依據自然科學方法對心性的觀察成果所論述的現代世界觀，環繞在人心中的兩個根本問題：

一個是從人性的觀點支撐人在人世間遇到的一切事物，不管是透過經驗還是知識，都感覺無法自我支撐，當人受到質疑或評斷時，就會呈現在不確定性的狀態領域中。

另一問題是，人類有理由看待自己是具有自由的存在體嗎？這是種錯覺嗎？這錯覺源自人類沒有能力去承認自己的意志和自然界一樣，若人無法在某一時刻真誠地面對關於人的意志是自由或受制於必然性的問題，就會覺得有所欠缺，並意圖去彰顯第二個問題的內在體驗對第一問題的依賴。

本書所顯示的是一種知識的存在，是由自身獨立的生命所證明，《史代納自由的哲學‧生命覺醒的奧秘》書中並不包含任何靈性研究的個別成果，也不包含任何自然科學的研究結果，而是在證明不帶偏見的考量下，所環繞的兩個問題的洞見：人生活在靈性世界的真實。

財團法人人智學教育基金會於二〇一七年與魯道夫‧史代納華文編輯小組合作出版德譯中版本。此書是慈心華德福教師團隊長年深入研讀交流的著作，而我們人智學教育基金會的師資養成中心也循序在魯道夫‧史代納經典作品：《神智學》、《人的普遍智識》與《史代納自由的哲學‧生命覺醒的奧秘》中學習與共讀。

魯道夫‧史代納將其對生命的研究名為「人類心靈智慧學」（簡稱人智學，anthroposophie）。一九一九年他在德國斯圖佳創辦第一所華德福學校。史代納博士是世界人智學學會（總會在瑞士）的永久精神導師，也是世界性華德福教育協會（總會在德國）永遠的教師。Anthroposophie源自為希臘文anthropos意指人類，sophia是指智慧。依此學說，人可以發展更高的心靈能力，並藉此達到超高的智慧。

一百多年來，「人智學」從華德福教育出發，已延伸到生機互動農業、建築、醫療、科學、特殊教育、經濟（社區銀行）、音樂、藝術治療、優律司美等各方面的發展，而且遍及全球。

我很高興柿子文化投入專業與心力出版了《史代納自由的哲學·生命覺醒的奧秘》英譯中版本，有相互交流與相容照見的可能性。

史代納博士的再版前言裡提及，本書探究的兩個問題：一是人的本質如何？二是人是否自由？他並說，第二個問題的答案有賴於第一個問題是否找到真相。對這兩個問題的追尋，是在本書裡會經歷的旅程，也是人在此生的靈性旅程。

幾十年來走在人智學修行道路上的我，真實認知到自由如何能成為人類行動與社會生活的真實驅動力，是需以實證的、生命體驗的方式去找尋。即使人類本質裡的自我中心會使我們對這個世界的關注與興趣受到摧殘，倘若人們了解生命的奧秘本身就有預見未知的力量，窮究自己的內在生命，人在自身之內即能見證神性。

人們應該要放寬胸懷，從全人類的命運和全世界的角度，而不只是從個人的觀點來看待世事。

清晰和獨立的思考是魯道夫·史代納靈性科學的基礎，只有當人完全沉浸在這個內在經驗裡，才能獲得真切的決斷，把在這個經驗裡得到的想法注入日常生活裡，把持理想、學習務實。

除了生理和心理層次的追求以外，人天生也有靈性追求的想望，只是在通曉之前我們有時會迷失，或不敢肯定自己內在的渴望。因此，我們需要直覺與靈感，正確認識世界、道德勇氣和實務的能力。當自由的真義受到理解時，人們才能真正認識生命，能勇敢追尋正確的生活方式。

所謂自由生活並非是個人宣稱，要知道在當下我如何行動，並透過在社群生活中的相互關係，實現以自由為社會生活的力量。這就是我心念中的志之所在，氣亦隨之；心懷善願，善緣自來。

最後，謹以慈心華德福學校會議開始前的禱詞獻給每一位讀者。

追求真正務實的生活，但不因此而蒙蔽自己的見識；
靈性在其中作用，追求靈性，
但不是基於靈性的利己主義，或對靈性的貪婪；
而是為了把它無私地運用在物質世界務實生活之中。

好好運用古老的原則；靈性不離物質 互為表裡；
物質不離靈性，互不可缺。

~魯道夫．史代納

具名推薦

吳靜雯

「吳靜雯診所附設吾鏡自然療癒中心」院長醫師

許姿妙

「華德福大地實驗教育學校」創辦人兼駐校醫師、「許姿妙中醫診所」負責人

劉德輔

里山共學塾塾長／臺中花博四口之家永續家園策展人／台灣永續家園協會理事長

【讀者的肯定】

這個優秀的版本，值得作為一份高級的禮物，不僅是送給我們這些珍視和欣賞這本偉大著作的人，而且是送給所有人。再次感謝這部開創性的作品，接觸到這個版本後，我相信這本書被賦予了其應得的地位，這實際上對史代納後來的著作和人類的重要貢獻來說，是一個更大且更好的證明與背景，因為它站在原始的基礎上。

——布魯斯・馬歇爾（Bruce Marshall）

如果有人讀過約瑟芬・雷爾（Joseph Rael，一位薩滿巫師）的任何文章，並想了解他所說的內容，那麼你應該從這裡開始。另外，如果你想了解阿卡西記錄，那麼你需要從這裡開始。如果沒有，你會看到一些東西。但真正的工作是在你閱讀本書後才會開始。

——Jes_074

雖然我只讀了一半，但到目前為止，其所涵蓋的章節，已顯示出史代納對有史以來最深刻和最困難的哲學問題，有驚人且深刻的理解。即使從現代哲學的角度來看，書中給出的批評（尤其是一元論與二元論，樸素實在論與批判唯心論的二分法）即使在今天，仍然具備有效性和現實性。

——賈・比比列什維利（Gia Bibileishvili）

不要錯過這本書。我其實對於它有很多話要說，但我不會用我的評論來破壞它。你只需要讀它，而且你不會後悔的。

——亞馬遜客戶

我認為自己很幸運能得到這本重要的書。如果有人對「獨立思想／思想」和「跳出框框思考」的重要性有任何興趣，那麼這本書是無價的。

——鮑勃・W（Bob W）

我仍持續地閱讀，因為我知道史代納有重要的話要說，而這會令人振奮。他擴大了哲學家用來得出結論的領域。史代納在他十五歲時讀到康德的《純粹理性批判》，使他感到不安。他想糾正康德觀點的局限性——即人永遠無法了解現實的本質，而且這是不可知的。史代納不同意此觀點，認為這種悲觀的傾向會導致虛無主義。

我發現，如果我走得足夠慢，我就能將思考過程本身視為自然的一部分（正如史代納所描述的那樣）。史代納認為，思維過程在進化中發揮著重要作用，它的形象不是無意識的。他聲稱，從形象思維概念的整個過程是有意識、可知且獨特的。

——弗朗西絲・哈斯（Frances Haas）

對我來說，這是真正人性的終極指南。首先，魯道夫・史代納向我們展示了一種獲得世界上任何事物知識的方法；然後他表明，這種方式也是人類自由的一種方式。這不是一本只讀過就好的書——從中你會得到了它的操作方法；在讀完十次左右後，我想我到達了某個地方（某種層次）。

這是二十世紀最偉大的著作之一，對未來的時代意義重大。

——jmbcv

史代納的《史代納自由的哲學．生命覺醒的奧秘》具有塑造和喚醒自己「比我更偉大」的那部分力量，而那部分已經被知道並且曾經連接過，同時又是自由的。

對我來說，它的美在於它如何帶你踏上一段從枯燥概念和知識的抽象「思考」，到讓我們回到生活的充實和現實的思考之旅程。這種思維不僅僅是思維，它是一種包含感覺和行為的思維，它包含我們的整個存在，以揭示我們的存在如何超越自我。

這種自己與更偉大生命的個體整合，就像是對「我們是誰」的記憶。

這本書與其說是重要的，不如說是鼓舞人心的，它將生命帶回人類的生活，並允許在我們內部展開生命的可能性。這種展開啟動了一種治癒力量，使我們能夠實現生命中最高且真正的命運。

生活是什麼？這本書沒有回答這個問題，而是為我們自己的內省覺醒提供了催化劑。

——曼尼（Manny）

序言

魯道夫・史代納生於一八六一年，於一九二五年去世。他在自傳《我的人生之路》[1]中清楚表示，「自由的哲學」所涉及的問題，在他生命中佔有舉足輕重的地位。

他的父親是奧地利鄉村地區的站長，他也在此度過童年時光。史代納八歲時便已察覺世界上同時存在著可見與不可見的生命與事物，在寫下身處這個時代的體驗時，他說：「……靈性世界的現實對我而言，就與物質世界同樣明確。然而，我覺得有必要為這番假設提出理由。」

在發現史代納的能力後，父親將他送到維也納新城的實科中學，後來又送到維也納的工業大學。求學期間，史代納必須透過獎學金與家教費來養活自己，他十分努力學習與精

1　在一九二三年至一九二五年間部分出版，但從未完成。史代納博士之書籍的書名，是英文譯本的標題。

進超越修課範圍外的更多科目，並且總是回歸知識本身的問題。他非常清楚：一個人在作為自我意識的體驗中，其實正處在靈性的世界中。雖然他參與了周遭所有社會活動，包括藝術、科學，甚至政治，但他也寫下了，「當時更重要的是，需要找到這個問題的答案：該如何證明，真實的靈性是人類思維當中的媒介？」

他對哲學進行深入研究，特別是康德（Immanuel Kant）的著作，但他並未找到哪種思維方式能夠比擬靈性世界的知覺。因此，史代納只能從自己對真理的追尋中發展出一套知識理論，而這項理論以直接體驗思想的靈性本質作為開端。

身為學生，當有人要求史代納編輯歌德（Johann Wolfgang von Goethe）關於自然的著作時，他的科學能力便受到了認可。從歌德身上，他看見一位能夠感知自然界靈性的人，只是他並未將此認知與靈性的直接感知畫上等號。

透過洞悉歌德對自然的看法，史代納能夠對歌德的科學成就帶來新的理解。由於當時的哲學理論皆無法將這種觀點納入考量，也由於歌德從未明確闡述他的人生哲學，史代納便只能透過在一八八六年出版名為《歌德世界觀所蘊含的知識理論》的入門書籍，來滿足這項需求。他對歌德幾本科學著作與不同章節（一八八三至一八九七年）的介紹，都已收錄至《科學家歌德》一書中，這些都是對科學哲學的珍貴貢獻。

在此期間，史代納自身的哲學思想也逐漸成熟。一八八八年，他遇見先前已經長時間書信往來的愛德華．馮．哈特曼（Eduard von Hartmann）。他描述了自己身上的寒蟬效應（chilling effect），乃是來自悲觀主義哲學家否定了思想能夠觸及現實的可能性，卻又永遠無法擺脫虛幻的空想，但他心中已然清楚地意識到如何來克服這些障礙。

他並未止步於知識的問題，而是將他的思想從這種境界帶入倫理的領域，用以幫助解決人類自由的問題。他希望展現，即便未以他人設下的行為規範作為根基，道德仍然具有確切的基礎。

同時，他的編輯工作使他從鍾愛的維也納來到威瑪。在此，史代納努力實現將自身觀點推向全世界的使命。他對靈性的觀察，全然具有科學的精確性，然而他對於思想現實的體驗，在某種程度上則類似神秘主義者的體驗。神秘主義透過信念呈現當前知識的強度，卻只涉及主觀印象，無法著眼於人類以外的現實。另一方面，科學包含了關於世界的觀點，即便這些觀點主要屬於物質主義。藉由從思想的靈性本質出發，史代納得以塑造對於靈性世界的觀點，就如同自然科學的思想對於物質的觀點一樣。因此，他可以將自己的哲學描述為，「遵循自然科學方法進行內觀」的成果。他首先在博士論文《真理與知識》中概述了他的觀點，論文的副標則是「『自由的哲學』的前奏」。

一八九四年，《史代納自由的哲學．生命覺醒的奧秘》出版了，此書構成了他人生中心的內容，由此表露於世人面前，然而，並未獲得世人對其理解，史代納因而深感失望。哈特曼的反應很典型，他並未接受「思想可以在世界上造就靈性的現實」這項發現，而是繼續認為「靈性」僅僅是存在於人類思想中的概念，自由則是基於無知的幻覺。這也是史代納開創自身哲學時的基本觀點。

然而，在其他人眼中，史代納其實已經為靈性的知識奠定了穩固基礎，如今他已感受到，能夠不受拘束地在此領域中追求他的研究。《史代納自由的哲學．生命覺醒的奧秘》總結了他所塑造的觀點，用來解決迄今為止主宰左右他人生的謎題。他寫道：「更進一步地，便是要找尋正確形式的思想，來表達靈性世界本身，而這是個難題。」

史代納待在威瑪的期間又寫了兩本書，分別是靈感來自於年邁哲學家訪談的《自由鬥士：弗里德里希．尼采》，以及將他在此領域的工作付諸圓滿的《歌德的世界觀》（一八九七年）。之後，他搬到柏林接管一本文學雜誌的編輯工作，他在此寫下《哲學之謎》（一九〇一年）以及《神秘主義與當代思想》（一九〇一年）。他也展開日漸增多的授課活動，但他真正的使命在於，深化他對靈性世界的知識，直到他能發表這項研究豐碩成果為止。

他的餘生都致力於建立完整的靈性科學，他並將其命名為「人智學」。他最重要的發現，便是直接體驗了基督的現實，這也很快地成為他教學的中心。他出版的許多書籍和講座都闡述了他宏偉的願景。他從一九一一年起，開始跨足藝術領域（戲劇、繪畫、建築，及優律思美〔Eurythmy，此字源自希臘，意指和諧有韻律的動作〕），展現了能從靈性視野中汲取而來的創造力。

對於一九一四至一九一八年第一次世界大戰這場災難的反應，他展現了如何透過洞察人類的本性，以及他的倡議，在教育、農業、醫療和醫學領域所獲得的實際成果，為社會領域賦予新的生命。

在經過幾年的積極活躍、已然成為全球運動的領導者後，他去世了，留下了無疑使他成為科學時代第一位啟蒙者的成就[2]。人智學本身即是一門科學，以觀察的成果作為穩固的基礎，任何準備遵循他所開拓這條精進道路之人，都能隨時跨足涉獵，而這條路的起點，就從本書中所提出、對於內心自由的努力追尋開始。

2 關於魯道夫．史代納的生平與作品，請參見《隱形的科學家》，A. P. Shepherd 著（一九五四年）。他對現代思潮的貢獻範圍，可由 A. C. Harwood 主編的《忠實的思想家》（一九六一年）中得知。

《史代納自由的哲學．生命覺醒的奧秘》可被視為十九世紀哲學中的最高成就，它被哲學家們所提出並爭論，最終以「我們永遠不知道」做總結的所有關於知識和道德問題，提出了解答。不過這個偉大的成就並未得到認可，而且只有當許多人開始感謝史代納給予他們一切的心靈啟示時，才想要閱讀他的早期作品。也許，假如史代納願意耗盡餘生解釋他的哲學，那麼今日他便會被公認為世界上最重要的哲學家之一，而且他的成就也會讓他將心靈科學發展得更加有聲有色，並得到及時的認同。

的確，哲學之所以一直背負著罵名，也許是因為太常得到負面結果的關係，而且與其將《史代納自由的哲學．生命覺醒的奧秘》視為哲學領域裡的其中一章，不如把它當成整個人生道路的解答，或許會更好。

如果只把它當成哲學中的一部分來看，也許它會顯得過時，只具有歷史上的意義。舉例來說，現代的科學家或許確信，原子物理學的成功，即證明了所有反對原子論的哲學家都是錯誤的，但這就誤解了哲學的本質。史代納用每種可能的觀點一一處理，以文獻中的例子一一說明，然後指出必須克服的錯誤或缺失。

原子論只能當成知識界處理自然力量時的輔助，如果把它設為理解現象特質的一個基本條件，並認定那些特質在定義上是永遠無法獲得理解的，那就錯了。然而，原子論的這種錯誤觀點即使已被科學界摒棄，但它在許多地方仍然屹立常存。相同的，許多上溯至康德時期的老舊哲學觀點，也仍然殘存在實驗或理論領域中非常先進的科學家之間，所以史代納處理知識問題的方法才會那麼重要。

對於自然的理解感到困惑，這種現象很普遍的原因，是因為**人們不願意承認由思維所扮演的核心地位。思維太常被視為「主觀」、不可靠的東西，卻無人意識到正是思維本身做了這樣的「決定」**。科學只能夠處理「主觀」世界的信念，導致許多科學家無法說出，現實世界是否就是他們周遭所熟悉的世界，例如透過感官的經驗和想像中的描繪，或是旋轉粒子的理論世界，和從實驗結果中推斷出來、察覺不到的力量，和統計學上的可能性[3]。史代納的知識路徑，在此可以為自然科學提供一個堅實的基礎，比它以往所擁有的基礎都更可靠，這條路徑也能為心靈科學提供一個發展的穩固根基。

儘管許多人在心靈世界的奇妙思量中找到了他們所需要的一切，但《史代納自由的

3 參見 Owen Barfield 在《拯救外表》（一九五七年）中的討論。

哲學·生命覺醒的奧秘》的存在，主要不是為他們的信念提供一個哲學上的正當性；它的主要價值，在於一個健全的基礎，而且能把這個基礎提供給無法接受任何缺乏明確科學性事物的人——一個在知識、自知之明、道德行為和生活方面的基礎。它不會「告訴我們該做什麼」，但它能為以科學路徑（而非神秘主義）通往真理的人，開啟一條通達心靈的道路。

今日我們會聽到「自由世界」和「個人價值」，但目前人類的科學觀點似乎不太支持這樣的觀念，反倒像是建立了一種道德標準，讓每一種類型的行為，都以「我禁不住自己的本性！」這樣的託辭作為藉口。如果我們真的重視個人，並且用知識來支持我們對自由的感覺，我們必定能找出一個觀點，讓自我來幫助自己，成為他想成為的人——一個自由的個體。

然而，這不表示我們必須放棄科學路徑，只不過科學的眼界必須更開闊，把「用思維的方式，以心靈感受其身的」自我納入考量。

所以，《史代納自由的哲學·生命覺醒的奧秘》以檢視思維的歷程作為開端，並指出沒要必要害怕知識所達不到的未知世界裡的未知原因，因為知識的極限只存在於，當我們無法喚醒思維、使它成為一個直接知覺的器官時。

在確立知的可能性之後，本書要繼續證明我們也可以知道我們行為的原因，而且如果行為動機只來自於純粹的直覺和思維，沒有任何來自於感官世界的景象和假象的刺激，那我們的確能夠出乎純粹的愛而自由地行動。

人類的命運最終是掌握在自己手裡的，儘管達到這個自由條件的道路又長又艱辛，而且在過程中他必須培養出嚴峻的自知之明，以及對他人的無私理解。他必須透過自己的辛勞，創造出聖保羅所謂的「被造成教人復活的靈的第二個亞當」。的確，史代納曾經把自己的自由哲學稱為「聖保羅的知識理論」。

麥可．威爾森（Michael Wilson），於英格蘭克倫特，一九六四年

作者序（一九一八年修訂版）

本書中所討論到的每件事情都與人類的靈魂生活有關，它有兩個基本問題：

第一個是，我們所遇到的每件事，在某些方面會讓我們覺得無法自我肯定與支持，所以很容易受到懷疑和批判的驅使，而陷入不確定的疑雲中。那麼，有沒有可能找得到一個關於人類天性的觀點，為這些事情提供一個基礎——無論是透過生活經驗或科學？

另一個問題是，人類有權力主張自己擁有自由意志嗎？或者自由只是一個假象，造成人類無法認清意志所仰賴的必要思路——就像任何自然事件一樣？引起這個問題的理論，絕對不是人為的加工品，因為在某種程度上，它很自然地就出現在人類靈魂面前。也許有人覺得，假如靈魂沒有在某個時刻發現自己面臨了自由意志或必然性這個最嚴肅的問題，那麼就無法達到極至的境界。

本書打算闡明，由第二個問題造成人類靈魂所要經歷的經驗，取決於他對第一個問題所採取的立場。本書試圖證明，有一種關於人類存在的本質觀點，能夠支持其他的知識；更甚者，這個觀點完全能夠合理解釋自由意志的觀念，只要我們在靈魂中先找到顯露出自由意志的那個區域。

我們在這裡提到的觀點，指的是一旦產生後，它就能成為靈魂本身的一部分和組成。這兩個問題的答案，不會是純粹理論性的那種——一旦精熟之後，便成為靠記憶保存的隨身信念。這樣的答案，以這本書所根據的整個思維方式來說，根本不算是真的答案。本書不會提供這種已經準備好的現成答案，而是要說明一個經驗範疇，在其中，每當人有需要時，人的內在靈魂活動就能為這些問題提供一個活生生的答案。

凡是找到出現這些問題的靈魂區域的人，都會發現，這個區域的思慮給了他解決這兩個問題所需要的一切。然後，憑著由此所得到的知識，他也許會（由於欲望或命運的驅使）進一步廣博精深地探索我們如謎的人生。如此看來，利用它自己的內在生命，以及它的生命與整個人類靈魂生命的密切關係，即可證明它自己的合理性與正當性的知識，確實是存在的。

二十五年前當我第一次寫下這本書時，我就是這麼思考它的內容。今天，如果我要闡述本書的主旨，我又必須寫下類似的文字。在原本的文章中，我嚴格限制自己只能說跟這兩個所概述的基本問題有關的話語。假如有人很詫異地發現，這本書裡找不到在我後來的寫作裡出現的任何關於心靈經驗世界的隻字片語，我會請他記住，寫下心靈研究的結果並非我當時的目的，我只是想先為那些結果打好可以依據的基礎。

《史代納自由的哲學．生命覺醒的奧秘》裡沒有任何的心靈研究結果，正如它也沒有任何自然科學的特別結果一樣。不過在我看來，它所含有的，絕對是為這樣的知識尋找一個穩當基礎的人所需要的。我在書中所說的，也許連拒絕與我的心靈研究扯上關係的人都可以接受。如果有任何人覺得被這些心靈研究的結果所吸引，他也許也會欣賞我在此提出之事的重要性，那就是：證明對我所指出的這兩個問題（是各種知識的基礎）懷有開明的思考，才能導出人類是生活在名副其實的心靈世界中的觀點。

本書企圖證明，**在進入實際心靈經驗前的心靈領域知識，是完全具有合理性的**。由於整個證明歷程會有清楚的引導，所以，任何能夠且願意討論這個論點的人，絕對沒有必要為了接受這個知識，而去窺探在我後來的作品中被證明有重大關係的經驗。所以，就某種意義而言，這本書所採取的立場，完全獨立於我的實際心靈科學主題作品之外。但就另一種意義而言，它與那些主題又具有最密切的關係。這些考量給了我現在的動機，才會在二十五年之後重新再出版這本書的內容，但所有的基本要旨幾乎是原封不動的。

然而，我在幾個篇章裡仍做了一些增補。那些對我論點的誤解，似乎有必要讓我做更詳細的闡述。只有在我覺得二十五年前的話說得含糊不清時，我才會在遣詞用字上做變更（唯有懷有敵意的人會說，這些變更之處就是我改變了基本信念的證明）。

這本書已經絕版許多年，情況就像我剛剛提到的，我在二十五年前對這些問題的主張，今日在我看來仍然十分恰當。所以我猶豫了很久，到底要不要推出這個修訂版？我一遍又一遍的問自己該不該在這個時間點或是換個時間，去界定我對於自第一版問世就已經提出來的一堆哲學觀點的立場。近年來，我全神貫注於純粹心靈領域上的研究，這使得我分身乏術，無法採用原本希望的方式來做這項工作。不過，今日的一項哲學文獻調查研究讓我深信，即使我做得再周詳，像這樣批判性的討論，即便它自然真誠，本書也無法騰出足夠的空間給它。

對於近年來的哲學趨勢，從《史代納自由的哲學．生命覺醒的奧秘》的觀點來看，我所要說的，都可以在我的《哲學之謎》第二冊裡找到。

魯道夫．史代納，一九一八年四月

第一版序（一八九四年；一九一八年重新修訂）

以下重新修改整理過的文字，是本書第一版的序言。

雖然它所表露的是我二十五年前寫這本書時的思潮情緒，但我並不想把它整個刪去，因為我一直有一種想法，那就是由於我後來的寫作方向是心靈科學，所以對於我早期的某些寫作，我需要有所克制。

這篇序言（在第一版中）只有前面幾句介紹性的話可以全部省略，因為時至今日，它們在我看來毫不相關；儘管現代人習慣使用自然科學的方法去思考，但其他的部分，的確，即使在今天看來，仍然有其必要性。

我們的時代只接受出自於人類天性深處的真理。在席勒（Schiller）知名的兩條途徑中，第二條途徑是目前最容易被選擇的：

我倆都尋求真理——你在沒有自己和周遭事物的生活中；
而我在內心深處。兩種方法皆可找到類似的真理。
健全的眼睛能夠看到偉大造物者在全世界留下的蹤跡；
健全的心智卻是給予萬物支持的透鏡。

源自於外在的真理，總是讓人覺得不可靠，所以幾乎每個人都只相信源自於自己內心的真理。

只有真理在我們發展出個人力量時，能夠給予我們信心。因心生懷疑而遭受折磨的任何人，會發現他的力量很薄弱，而在一個充滿謎的世界裡，這樣的人無法為他的創造性能量找到目標。

我們不想再只是相信，我們還想要知道。「相信」需要接受不全然了解的真理，但我們不全然了解的事情，與我們內在的個人元素是相牴觸的，而我們的個人元素其實是想要感受內心深處的每件事。唯一能夠滿足我們的「知道」，源自於人格的內在生命，不受到外在標準的支配。

我要再次指出，我們想要的知識，並不是那種冷冰冰、一體適用的僵化學術規則，保存在百科全書裡，無論什麼時代都可以拿來用。我們每個人所主張的權利，是從與自己最接近的事情開始，來自於自己的即時經驗，然後再升級到全世界的知識。其實，我們都為知識的確實性而努力著，只是每個人都有他自己的運作方式。

科學學說也是，不應該再被公式化，好像我們只能無條件地被迫接受似的。我們沒有人會希望把一項科學作品命名為像是費希特（Fichte）的《為一般大眾解析最新哲學的真實本質——企圖迫使讀者了解的知識》。在今天，沒有人應該被迫去了解。**任何人的觀點假如不是出自於個人需求的動機，我們便不該要求其認同或同意與否**。即使是未成熟的人類（即兒童），今日我們也不會把知識硬塞給他，而是試著發展他的理解力，如此他才不會再被迫去了解，而是想要去了解。

對於我所生存的時代的這些特點，我不會心存幻想。我知道，一個普遍的趨勢會如何使事情變得冰冷、刻板。但是，我也同樣清楚地知道，在我這個時代仍有許多人，試著用我之前所提到的方法去安排他們的人生。我會把這本書獻給他們，但這並非意味著這裡所提供的，是走向真理的「唯一可能」途徑，而是為那些關切真理的人們，描繪他們所要走的道路。

本書剛開始時會涉及抽象的領域，而在那些抽象的領域中，假如思想要達到定義明確的境界，便必須提出清晰的梗概。不過，我也會把讀者從這些枯燥的概念裡引導出來，走向具體的生活。

我十分確信，假如一個人要經歷存在的每一個層面，他就必須將自己昇華到縹緲概念的領域裡。**只喜歡感官上愉悅的人，不會懂得生命中最甜美的滋味**。東方的賢哲在將自己的知識傳授出去前，要度過好幾年與世隔絕、修道般嚴守紀律的生活。然而，西方世界不再要求以虔誠的行為和苦修，作為科學研究前的準備工作，但它確實需要一個人願意將自己從生活的直接感受中抽離片刻，然後致力於純粹思想的領域。

生活中有許多領域，在每一個領域裡，都能發展出其獨特的科學。然而，生活本身是一個統一體（unity），科學越深入地滲透到這些個別的領域中，它們就越會把自己從此觀點（將世界視為一個生活統一體）中抽離出來。

必須要有一種知識，在各個不同的科學中，可尋找到引領人類再次回到圓滿人生的元素。科學家從自己的發現中仔細探索，以發展對世界及其活動方式的體悟；這個目標在本書中是哲學性的——知識本身應該是有機的生命。在藝術中也存在著類似的關係，作曲家致力於作曲的理論基礎，這種理論是所有規則的聚集，一個人必須懂得理論才能夠作曲。在作曲方面，理論的各種規則就成了生活本身（即現實）的僕人。

同樣的道理，**哲學是一門藝術，所有真正的哲學家，都是概念領域中的藝術家**。對他們而言，人類的想法就是藝術家的原料，而科學方法便是藝術技法。如此，抽象的思想會呈現出具體的個體生活，人們的想法會變成生活中強大的影響力，然後我們不僅擁有與事物有關的知識，也會讓知識變成自我主導的真實生命；因此，我們實際運作中的意識，便提升且超越了「只是消極接受真理」的程度。

作為一種藝術的哲學，如何與人類的自由產生關聯？自由是什麼？我們是否會（或者能夠）參與其中？這便是本書的主題。

其他科學性的討論都被包含在這裡了，只因為它們最終會闡明這些問題的疑難之處，而在我看來，這些問題對人類有最切身的影響。後面的文章便是將「自由的哲學」呈現在各位的眼前。

假如科學不致力於為人類的人格提升存在價值，那麼除了滿足無聊的好奇心外，它什麼也不是。**唯有以科學結果證明人類的重要性，科學才有其價值**。個體發展的終極目標，絕不會是僅憑單一機能的培育，否則只會是沉睡於內在所有能力的成長，**唯有奉獻於人類完整天性的全面發展，知識才有其價值**。

因此，本書對科學與生活之間關係的理解，並不是要一個人對某個觀念畢恭畢敬並為其奉獻力量，而是人應該精通所有的觀念，才能將它們用在人的目的上，而這已經超越了純粹科學的目的。

也就是說，我們必須能夠面對一個觀念並且感受它，否則便會受到它的奴役。

目錄

第二部分　自由現實　***171***

終極問題　***287***

Rudolf Steiner

第一部分

關於自由的知識

第一章／有意識的人類行為

人類的行為和思維在心靈上是自由的嗎？還是迫於純粹自然法則的鐵律？說起來，實在沒有多少問題會需要運用到這麼高深的睿智。

人類對於「自由」這個觀念，有許多熱血的支持者，也有許多頑強的反對者。某些道德狂熱分子把任何公然否定自由的人，都貼上了才智有限的標籤；而持相反意見的人則認為，倘若有人相信自然法則的一致性，會受到人類行為和思維的破壞，這種想法實在極不科學。於是，同樣一件事情有可能被奉為最珍貴的人類資產，同時也可能被視為最致命的錯誤觀念。

有些人以鉅細靡遺的方法分析，解釋人類自由是怎麼與自然中的法則不謀而合，而且堅持論說，人類就是這些法則的一部分。另外，有些人同樣不遺餘力地在說明，這種假象是怎麼產生的。而我們在此所處理的，是在人生、宗教、行為、科學上最重要的問題之一，任何人的性格中只要有一點點的縝密性，一定可以感覺得出來。可悲的是，這個時代的思想很膚淺，跡象之一便是一本企圖從最近科學研究結果中發展出新信念的書[4]，但在這個問題上，除了下列這番話外，其他就沒有什麼可說的：

4　指大衛．弗里德里希．史特勞斯（David Friedrich Strauss）的《論新舊信仰》。

我們並不關切人類意志自由的問題，在所謂自由上的無關緊要選擇，已經被每一個配得上其頭銜的哲學家認定為是虛有其表的假象。然而，人類行為和個性的道德評估，仍未被這個問題所觸及。

我會引用這段文字，並不是因為我覺得那本書有多麼重要，而是因為在我看來，它表達出了大部分現代人在應付這個問題時所產生的想法。主張已經走出科學初步階段的每個人，顯然都知道，在今日，自由並不存在於選擇、個人的隨心所欲，或任何可能的行動方針中。

所以，為什麼在好幾種可能的行動中，我們只採取其中之一，而如同我們所聽到的，總是有人能夠提出十分明確的理由。

這看起來很明顯，但時至今日，反對自由的主要攻擊，被引導至只去對抗選擇的自由。連學術地位已日趨鞏固的赫伯特・史賓塞（Herbert Spencer）都說：

每個人都可以不受約束的想要或不想要——這是自由意志上一個很實在的論點，它受到意識分析引導的程度，就和前一章的內容一樣。

其他人也從同樣的觀點出發，去反對自由意志的概念。而所有相關爭論的起源，最早可以追溯到史賓諾莎（Spinoza）。他以清晰簡潔的語言反對自由這個觀念，這些語言已被引述過無數次，但由於它已經變成被包含在最吹毛求疵的理論性學說的規則裡，因此很難看清其中最重要的思路。

史賓諾莎在一六七四年十月或十一月所寫的一封信裡指出：

有一種東西的存在和行動，若出自其本質的純粹必然性，我稱之為自由；有一種東西的存在和行動，若是由某種其他東西明確不移地決定（被影響），我稱之為不自由。舉例來說，上帝是自由的（儘管無可避免），因為祂只憑著自己本質的必然性而存在。同樣的，上帝判定祂和所有其他一切都是自由的，因為自由只來自於在祂認知範圍裡所有本質的必然性。所以你知道了，對我而言，自由並不存在於自由的選擇之中，而是存在於自由的必然性之中。

不過，我們現在來看看被創造出來的事物，它們都受外在原因的決定（影響）而存在，並且以固定不變和明確的方法來行動。為了做更清楚的理解，讓我們想像一個十分簡單的例子。

例如石頭，接受外在原因對它的作用力而產生某種程度的移動，然後當外在原因的衝擊停止後，它仍然基於這個原因而必然地持續移動。石頭的持續移動是基於強制力，而非它自己本質上的必然性，因為它需要受到外在原因的推擠才能移動。換句話說，不管事情可能多複雜且多面，每件事必然是由外在原因以一個固定且明確的方式，來決定其存在和行動，這個適用於石頭的道理，也適用於其他每一個特定的事物。

現在，假設這顆石頭在移動期間，認為且知道自己正在盡可能地奮力繼續移動。這顆意識到自己在奮力移動、絕非冷漠無情的石頭，會相信自己是完全自由的，也相信它的繼續移動不是基於其他理由，而是基於自己的意願。然而，這就是每個人所主張的、擁有的人類自由，除了這裡之外，它不存在於別處，這也是人類意識到的、所渴望的自由，但他忽略了影響的原因。

因此，小孩子相信他想喝奶是出於他的自由意志，生氣的男孩認為他復仇的欲望是出於自由，膽小鬼也以為自己想飛的渴望是出於自由。雖然經驗太常告訴我們，人尤其能夠鍛造他的欲望，和受到各種矛盾情感的驅使，而會看著更好的，追逐更糟的，但他認為自己是自由的，因為總有他不那麼強烈想要的東西，還有他能夠輕易憑著記憶（往往是很容易想起的事情）去抑制那些欲望。

由於這個觀點被表達得很清楚、明確，所以我們很容易便看出它的基本錯誤。該文章指出，一顆石頭所做的確實移動是受外力影響的結果，所以當一個人受到不管什麼原因的驅使而採取行動，也是基於同樣的必然性。只因為人可以意識到自己的行為，所以這個人便認為自己是行為的發起人。但這樣一來，他卻忽略了自己是受到某個原因驅使的事實，而且不得不遵從那個原因。這個思路中的錯誤馬上就被看出來了。

史賓諾莎以及所有想法和他一樣的人，都忽略了一個事實，那就是**人不只會意識到自己的行為，也可能會意識到引導他行為的原因**。沒有人能夠否認，當孩子想要喝奶時，或是當酒醉的人說了一些之後會令自己後悔的話時，他是不自由的。這兩種人一點兒都不曉得那些在他們內心深處運作的原因，而那些原因不可遏抑的控制著他們。

◆ ◆ ◆

但是，把類似這樣的行為與「一個人不只會意識到自己的行為，也會意識到行為的原因」混為一談，是合理的嗎？人的行為真的都只有一種嗎？戰場上士兵的行為，實驗室裡科學家的行為，極複雜的外交協商中政治家的行為，在科學上都和想喝奶的孩子屬於同一個層級嗎？最好能為一個問題尋找出最簡單的解決方式，這一點無庸置疑，但卻沒有辨別的能力，且在此之前已經引發了無止盡的困惑。畢竟，在知道與不知道「我為何行為」之間是有著很大的差異。

乍看之下，這似乎是個不證自明的真理，但自由的反對者從未問過自己，一個我能認清且看穿的行為動機，是否被視為對我的強制力，就跟引發孩子哭著要喝奶的生物歷程，是同樣的道理。

愛德華・馮・哈特曼極力主張，人取決於兩大要素，即**動機**和**個性**。[5]如果有人認為人都是一樣的，或不管怎樣，人與人之間的差異是微不足道的，那麼他顯然就是取決於外在，也就是說，是全憑他所遭遇的環境而決定。

但是，假如有人記得，一個人只有在他的個性會被一個想法或心智圖像[6]喚起內心欲望時，才會採納那個想法或心智圖像作為他行為的動機，那麼他顯然就是取決於內在而不是外在。

現在，由於要與其個性一致，他首先必須從外在採納一個心智圖像作為動機，而這個人相信他是自由的，也就是說，他不受到外在的影響。然而，根據愛德華・馮・哈特曼的說法，真相是：

即使我們自己先採納了一個心智圖像作為動機，我們也不是能夠任意妄為，而是出自於性格的必然性，也就是說，我們並非自由。還有，只有在我以意識滲透後允許其影響我的動機，與我缺乏任何明確了解而遵從的動機，這兩者之間的差異完全被忽視了。

這使得我們馬上考量到這個主題。我們有任何權利去思考意志本身的自由這個問題嗎？如果沒有的話，那必然與什麼其他問題有所關聯？如果行為的有意識動機和無意識驅動力之間有所差別，那麼意識動機所導致的行為與出自於盲目衝動的行為，在判斷上就必定有所不同。所以，我們的第一個問題會關切到這種差異，而這個問題的結果會取決於，我們應該採取什麼樣的態度去適當地看待這個自由的議題。

「對於一個人行為的原因有所了解」是什麼意思？這個問題受到的關注太少，因為很

5 《道德意識現象學》，四五一頁。
6 mental picture，即心理意識中所形成的圖像，也就是心裡面所想像出來的圖像或景物。

遺憾的，我們一直把一個實際上不可分割的完整個體——人，切分成了兩部分。我們把知者和執行者區分開來，並且正好把最重要的「知的執行者」排除在外。

有人說，當人只受控於他自己的原因，而不受控於他的動物情感時，人是自由的。或是，自由的意思是能夠經由蓄意和思考後的決定，來確定一個人的生活和行動。

這種斷然的主張是沒有結果的，因為問題只是「原因、目的和決定」是否跟人的動物情感一樣，發揮了有如強制力般的影響。假設沒有「我」的合作，浮現在腦海中的理性決定，它具有的必然性和飢渴所引發的必然性會一模一樣，然後我必須遵從它，那麼我的自由就是一種假象。

還有另一種表達方式：自由並不意味著一個人能夠隨心所欲的去渴望，而是能夠隨心所欲的去做事。哲學詩人羅伯．哈姆林（Robert Hamerling）的作品中將這種思想表達得十分清楚。

人當然可以隨心所欲的去做事，但不能隨心所欲的去渴望，因為只有動機才能決定他的渴望。

人不能隨心所欲的去渴望嗎？讓我們更仔細的思考這句話。假如這句話有任何可理解的意義，那就是：意志上的自由，意味著渴望無需根據、無需動機。但是，如果做事情

（或嘗試去做）不需要有根據，那麼除了「沒有根據或動機地渴望某個東西，等於渴望一個並不想要的東西」之外，渴望還有什麼意義？

渴望與動機這兩個概念密不可分，**沒有決定性的動機，意志只是一個徒具虛名的機能；唯有透過動機，意志才能變得活躍、真實**。那麼，因為人類意志的方向往往由最強烈的動機來決定，所以人類的意志確實是「不自由」的，但另一方面我們又必須承認，對照於這種「不自由」，我們還可以談論一種想像到的意志自由，只是它存在於能夠想要一個人所不想要的東西之中[7]，而這實在是很荒謬的事情。

◆ ◆ ◆

一般所提到的動機，並未考量到非意識動機和意識動機之間的差異。假如我受到一個動機的影響，然後我不得不根據它而行動，因為它是那些動機之中最強烈的，那麼「自由」這種想法就不再有任何意義。

---

7 《抑制原子論》第二冊，二一三頁。

假如做什麼事情或不做什麼事情是受到動機的驅使，那麼它對我能不能做那件事情的影響性有多重大？當一個動機影響到我的時候，主要的問題不在於我是不是能夠做那件事情，而在於是否還存在有其他任何像這個能夠驅動我的絕對必然性動機。假如我無法自制地想要某個東西，那麼對於我是否能夠做到，我也許完全不關心。還有，假如基於我的個性或我所處在的大環境，某個驅策我的動機在我看來是不合理的，那麼如果我無法做到我想要的，我更應該感到高興才對。

問題不在於我是否能夠實現一個已經做好的決定，而在於那個決定在我心裡是怎麼產生的。

人之所以不同於所有其他的生物，在於人有理性思維。人跟其他動物一樣有活動力，但在動物界裡尋找相似處，來釐清運用於人類行為的自由概念，是徒勞無益的。然而，現代科學卻喜歡這樣的相似處，當科學家在動物中成功地找到類似於人類的行為，他們就相信自己已經觸及到人類科學最重要的問題。這個觀點所導致的誤解，舉例來說，可見於雷（P. Reé）的《自由意志的假象》一書中一段對自由的評論：

為什麼一顆石頭的移動在我們看來是必然的，但驢子的移動決定卻不是，理由很簡單。使石頭移動的原因是外在且可見的，而使驢子做決定的原因是內在且不可見的。隔在我們和牠們活動想法之間的，是驢子的頭骨……決定性的原因因為看不見，因此被認為不存在。選擇的意志被解釋為驢子改變的原因，確實如此，但它本身是非制約的，它是一種絕對的起因。

這裡要再次提到，含有動機意識的人類行為只是被忽略了，如雷所主張的「隔在我們和牠們活動想法之間的，是驢子的頭骨」。從這句話看來，雷並不明白，人類的有些行為（而非驢子的行為）中，在我們和行為之間存在著已經變成意識的動機。該書翻過幾頁之後，雷用以下的話再次證明了他的愚昧：

> 我們沒有察覺到影響我們意志的原因，所以以為它根本沒有受到任何原因的影響。

有太多的例子可以證明，許多反對自由的論點，其實對自由一無所知。假如一個人不知道他做那件事情的原因，不用說，那個行為就不可能是自由的。但是，知道行為的原因又如何？這要討論到思維的源頭和意義。因為，**倘若沒有認清靈魂的**

思維活動，便不可能形成關於任何事情的認識概念，也不可能形成對行為的認識概念。當我們知道思維的普遍意義時，會比較容易了解思維在人類行為中所扮演的角色。黑格爾（Hegel）說得好：

> 正是連動物也具有的思維，將靈魂轉變成心靈。

絕不能說，我們所有的行為只源自於理性中清醒的慎重思考。所以，我完全不會用只出自於抽象判斷的行為來看待人，因為我們的舉止一旦超越了滿足純粹的動物欲望，思考便會滲入我們的動機。

愛、憐憫和愛國心都是行為的驅動力，而且無法被分解成冰冷的智力概念。毫無疑問的，在這裡，心，也就是靈魂的情緒，有很大的影響力。但是，心和靈魂的情緒並不會創造動機，它們把動機當作前提，然後讓動機登堂入室。當我的意識裡出現一個喚起憐憫之人的心智圖像時，憐憫就會進入到心裡，而通到心的路徑會經過腦子，愛也不例外。只要不是表達純粹的性本能，就取決於我們對關愛之人所形成的心智圖像。這些心智圖像越理想化，我們的愛就會給予越多的祝福。在此，**思考是感覺之父**。

有人說，愛讓我們對所愛之人的缺點視而不見。不過，這可以用另一種方式來表達，我們可以說，愛讓眼睛看到優點。許多人與這些優點擦身而過，卻絲毫沒注意到，但有一個人注意到了，而且正因為他注意到了，所以愛喚醒了他的靈魂。這個時候他會做什麼？他會創造一個大家都沒看到的心智圖像。因此，愛不屬於那些只看到缺點的人，因為他們缺乏這種心智圖像。

無論我們怎麼處理這個議題，「**人類行為的本質，是以思維起源的本質為先決條件**」這個問題會變得越來越清楚。所以，接下來我要探討這個問題。

第二章／對知識的基本欲望

唉，我的胸中有兩個靈魂，
它們想要脫離彼此，
一個具有堅決強烈的情欲，
迷戀俗世，緊抓不放；
另一個大力揮別塵俗，
投向崇高的古人遺芳。

歌德，《浮士德I》，第二幕，1112-1117行。

歌德用這些話，表達出一個人物根深柢固的人類天性。**人並非天生是始終一致的個體，對於這個世界所給予的，人總是索求更多。**大自然授予我們需求，其中有些必須靠我們自己的行動去得到滿足，而她已經贈予了我們很多禮物，只是我們渴求的更多。

我們似乎生來就不知足，但對於知識的渴望，是這種不知足的特殊例外。我們看一棵樹兩次，第一次看它枝葉靜止的狀態，第二次看它搖曳的樣子。但是，我們並不滿足於這樣的觀察，我們會問，為什麼我們看到的樹一會兒是靜止的，一會兒是搖曳的？每次瞧大自然一眼，就會激起滿腹的疑惑，所看到的每一個現象，都會產生一個新的問題，每一次經驗對我們來說都是謎。

看到蛋裡冒出一個貌似其親代的生物，我們就會問牠們相似的原因；觀察到一個生命體的成長，發展到完美的階段，我們便會尋找這種經驗的基礎條件。對於可以用感官感受、觀察到的大自然，我們怎樣也不會感到滿足，所以我們四處尋找對事實的解釋。

我們在事物中尋找更深入之物，其中直接透露出來的訊息，將我們的完整性分裂成兩半，於是我們開始意識到自己與世界對立的那部分。我們以獨立的存在體面對這個世界；宇宙在我們看來，是兩個相對的部分：我與世界。

一旦開始有了意識之後，我們便在自己和世界之間築起一道藩籬，但無論如何，**我們從未停止感覺到，我們是屬於這個世界的，在它與我們之間有一道聯繫，而且我們是在宇宙之內、而非宇宙之外的存在體。**

這種感覺使我們奮力跨越這種對立，而跨越的橋樑就存在於人類的整個心靈奮鬥中。我們心靈生活的歷史，就是不斷在追尋與世界之間的一致性，而宗教、藝術和科學，以及所有的領域，也在追求這個目標。宗教信奉者在神所授予的啟示中，尋找宇宙之謎的答案，因為他的「我」並不滿足於眼前所看到的，只是世界的表象。藝術家追求將創作素材中「我」的觀點具體化，才能調和他的內在與外在世界的生活。他也對世界的表象感到不滿，並且追求為他的「我」注入更多內涵，藉以超越自我。思想家追尋現象的法則，並且努力用思維看透以觀察所得到的經驗。因此，只有當我們把世界的內涵變成思想內涵時，我們才能找回自分裂起不復存在的整體性。

◆ ◆ ◆

我們稍後會看到，只有在科學家將他們的任務設想得比平常更深入時，才能夠達成這個目標。我在此所描述的整個情況，都呈現在「單一世界理論」（即一元論）[8]和「雙重世界理論」（即二元論）[9]之間衝突的歷史舞臺上。

二元論只把注意力放在「我」和產生人類意識「世界」之間的隔閡上，它一切的努力

8 一元論是指，相信整個宇宙是由一種本質生成的學說，也就是指任何一種學說主張其唯一本質，或一個世界，或一個實在做為探究的根據。

9 二元論是指，認定某一對象（如人、宇宙、物質、實有或命題）是由兩個截然不同部分所組成，或認為某一事物之運作（如宇宙之運動）是根據兩個不同原則的主張。

只是徒勞於調和此二者的對立，對立的二者稱之為心靈和物質、客體與主體，或是思維與表象。二元論認為在兩個世界之間必定有一座橋樑，只是我們沒發現到。

因為人了解自己是「我」，所以他不由得認為，這個「我」是屬於心靈層面的；而且把這個「我」拿來和世界對照時會發現，人又必須憑藉著感官來得到對世界層面（也就是物質世界）的知覺印象。

如此一來，人正好把自己置於心靈與物質對立的中間。他不得不這麼做，因為他自己的身體就屬於物質世界，「我」或「自我」則屬於心靈層面的一部分，而可以藉由感官察覺到的物質性事物則屬於「世界」。人類在關於自己天性的基本謎團中，必定無可避免地又會發現到所有與心靈及物質有關的謎。

一元論只著重於單一性，並且企圖否認或忽略相對物，即便它們真的存在。這兩種論點，無論哪一個都不能滿足我們，因為它們對事實的看法都不正確。二元論把心靈（我）和物質（世界）看成兩種完全相異的存在，因此無法了解它們如何能夠彼此互動。既然心靈認為物質的本質與其完全不相容，那它要怎麼察覺到在物質裡所發生的事？或者，在這樣的情況下，心靈要怎麼去影響物質，才能將它的意圖轉化為行動？這些問題得到過許多別出心裁且荒謬可笑的答案。

不過到目前為止，一元論的處境也沒好到哪兒去。為了應付這種困境，它試過三種不同的方法：否定心靈，並且變成唯物論；或是否定物質，才能在唯心論中追求它的救贖[10]；再不然就是，堅決主張即使在世界上最簡單的實體中，心靈和物質也會密不可分的結合在一起，那麼既然它們從未分開，就毋須驚訝從人身上看到這兩種模式的存在物。

對於世界，唯物論向來無法提供一個令人滿意的解釋，因為每一次的企圖解釋，必定是以與世界現象有關的思想形式做為開頭。因此，唯物論就從物質或物質歷程的思想開始，但這樣一來，它已經提到了兩種不同的論據：物質世界和關於它的思想。

為了讓人們更容易理解這些思想，唯物論者將他們視為純粹的物質歷程。唯物論者相信，思維發生於大腦，就像消化作用發生於動物內臟一樣。就因為把物理作用和有機作用歸因於物質，所以唯物論者認為，在某些情況下物質是有思考能力的。

但也忽略了，如此一來，只是把問題從這個地方轉移到另一個地方。他們把思維的力量歸因於物質，而不是自己，所以又回到了開始的地方。物質怎麼會思考自己的本質？為什麼它不滿足於自我、滿足於存在就好？唯物論者把他們的注意力從明確的對象（自己的

10 作者指的是在哲學上相對於「唯物論」的「唯心論」。參見下文提及費希特之處。

「我」）轉移到某種含糊不清之物的化身，但到了此處，又遇到了那個謎團。所以，唯物論的概念並不能解決這個問題，它只是把問題從一個地方轉移到另一個地方。

唯心論的理論又是什麼？純粹的唯心論者覺得一切的獨立性都無關緊要，認為它只是心靈的產物。但是，當唯心論者試圖用這個理論去解答關於人類自己本質的問題時，發現自己竟被逼入了窘境。因為在「我」或「自我」（可以納入心靈之列）之上還有一個感官世界，而且看來並沒有心靈方法可以通向它，只能借助於物質歷程，「我」才能察覺和感受到它。只要「我」把自己的本質視為全然的心靈性，它就無法在自己身上發現這樣的物質歷程。因此，憑藉它自己的力量在心靈上所成就的事物裡，絕不會看到可由感官察覺到的世界。那看起來就像是「我必須承認，世界對它來說是本闔起來的書，除非它能夠建立起與世界的非心靈性關係」。同樣的，在談到行為時，我們必須借助於物質性的東西和力量，把我們的意圖轉化成現實。所以，我們還是要回到外在的物質世界。

最極端的唯心論者（或者說，因抱持絕對唯心論而成為他人眼中的極端唯心論者）是約翰．戈特利布．費希特（Johann Gottlieb Fichte），他企圖從「我」衍生出整個世界的宏偉心靈，而他真正達到的成就，是一個壯闊且沒有任何經驗內涵的世界思想影像。然而，就像唯物論者幾乎不可能把心靈駁倒一樣，唯心論者也不太可能把外在的物質世界駁倒。

當人在仔細思考「我」時，他首先意識到的是，對觀念世界闡述中的「我」。因此，傾向於唯心論的世界觀也許很吸引人，因為它在審視一個人自己的真實本質時，除了這個觀念世界之外，便不承認心靈方面的任何事情。但接下來，唯心論卻無法穿透觀念世界到達心靈世界，而是用觀念世界來定義心靈世界。結果是，它被迫繼續與其「自我」活動圈裡的世界觀綁在一起，就像著魔似的。

在弗瑞德瑞希．亞伯特．朗格（Frederick Albert Lange）所著、廣為流傳的《唯物論史》的觀點中，唯心有一個古怪的版本。朗格認為，唯物論者在主張所有的現象（包括我們的思維）都是純粹的物質歷程的產物時，十分正確，但反過來說，在他看來，物質及其歷程本身是思維的產物。

感覺只給予我們事情的結果，而不是實在的東西，更不是事情本身。而且在這些單純的結果中，我們必須納入感覺本身和大腦，以及我們假定發生在大腦裡的分子振動。也就是說，我們的思維是由物質歷程製造的，而這些歷程是由「我」的思維製造的。所以，朗格的哲學充其量就是《閔希豪男爵的奇妙旅程》故事裡不知天高地厚的主角，用自己的豬尾巴抬舉自己。

第三種形式的一元論，在物質與心靈已經合而為一的最簡單實體（原子）中都可以看得到。但這樣一來，除了把源自於意識的問題轉移到另一個地方外，同樣一無所獲。假如最簡單的實體是一個不可分割的單一體，那它要怎麼用雙重的方法去呈現它自己？

為了駁斥這些理論，我們必須極力主張這樣的事實：**在自己的意識裡首先遇到的基本且主要對立意見，是我們自己離棄了大自然的懷抱，並且用「我」和「世界」來與自己形成對比**。歌德在他的文章〈大自然〉裡用古典的措辭對此做了描述，儘管乍看之下，他的態度也許會被認為不科學：

> 我們是她（大自然）懷抱中的陌生人，她不停地對我們說話，但絲毫不透露她任何的秘密。

不過歌德也知道相反的一面：

> 人類是她懷中的萬物，而她也在萬物的懷中。

> 不管我們實際上有多麼疏離大自然，但我們仍然覺得自己在她的懷抱之中，並且屬

於她。唯有她的運作，才可能讓我們的內心也產生悸動。我們必須找到方法，回到她的懷抱，而一個簡單的省思，就能為我們指引出一條路來。誠然，是我們自己背離了大自然，但我們仍然身藏著她的某一部分。我們必須將這種大自然的元素尋找出來，然後再次取得與她的聯繫。二元論就做不到這一點，因為它認為人的內在是完全相異於大自然的心靈實體，企圖把這個心靈實體和大自然繫在一起，難怪它無法找到聯繫。

我們唯有先經過學習，進而了解我們內在的大自然，才能發現那個外在的大自然。我們內在與她相似的那一部分必定會指引我們，而這注定了我們的探究之路，我們無庸苦思大自然與心靈的互動，而是要深入探索我們自己的存在，找出我們在離棄大自然時所遺留下來的那些元素。

調查研究我們的存在，必能得到問題的答案。我們必須達到的境界，是能夠向自己說：「我們不再只是『我』，我們已經超越了『我』。」

我十分清楚，許多讀者到現在為止都沒發現過我討論「科學」，那是因為現今才用到這一詞彙。對此，我只能回應，到目前為止，我所關切的並不是任何類別的科學結果，而是單純描述我們每個人在自己意識中所體驗到的事物。

企圖將人的意識和世界調和在一起的那些隻字片語，只能夠闡述事實。因此，我不想使用在心理學和哲學中所慣常使用，關於「我」、「心靈」、「世界」、「自然」的各種字眼。一般人不會曉得科學上的鮮明區別，而我的目的，到目前為止，只是要將日常經驗記錄下來。

我所關心的並非科學闡述意識的方法，而是**在我們生命中的每一刻，要用什麼樣的方法去感受我們的意識**。

第三章／為知識服務的思考

當我觀察受到撞擊的撞球如何與另一顆球產生連動時，我完全不會受到這整個觀察歷程的影響。第二顆球運動的方向和速度，是由第一顆球的方向和速度來決定的。只要我維持旁觀者的角色，我就僅能指出第二顆球受到撞擊後的運行。

但是，當我仔細思考觀察的內容時，整個情況又不一樣了，我思考的目的是為了對所發生的事件形成概念，我會把撞球的概念和某種力學概念連結起來，然後思考相關案例中的特定情況。

換句話說，我試圖在未經協助之下所發生的事件裡，加上發生於概念層面的第二道歷程。而後者取決於我，這可由下列事實證明：我可以對撞球的觀察表示滿意，而且假如我沒有形成概念的需求，我就會放棄所有對概念的探究。然而，假使這樣的需求出現了，那麼我就不會滿意，直到我把球、彈性、運動、撞擊、速度等等的概念弄出某種聯繫，而且確認觀察到的歷程與這種聯繫有一個明確的關係。正如事件的發生與我沒有關係那般，同樣肯定的是，概念歷程沒有我的協助便不可能發生。

我們稍後必須思考，我的這個活動是否真的獨立存在？或者，那些現代生理學家是對的，當他們說：「我們無法隨心所欲地去思考，而是必須隨著剛好出現在意識裡的想法，以及與想法有關的因素去思考。」[11]

我們目前只希望確立一個事實，那就是我們一直覺得有義務去尋找和所遇到的個別目標與事件有某種關係的概念，以及概念的聯繫。這種活動是否真的是我們自己的？或者，我們只是根據一個無可改變的必然性去執行它，而不必在眼前當下為這個問題做決定。

這一開始看起來是我們的，這點毫無疑問。可以很肯定地知道，我們並不是同時得到目標及其概念。我本身在概念歷程中的角色也許是個假象，但對於直接觀察來說，它看起來就是這樣。所以問題是：為事件添上一個概念，我們能夠得到什麼？

在我看來，一個事件各個部分彼此之間相關聯的方式，在發現相應的概念之前與之後都有著很大的不同。單純的觀察，可以在事件發生時探查其各個部分，但沒有概念的協助，它們的關聯仍然含糊不明。

我看到第一顆撞球以某個方向和某種速度朝第二顆球移動，在撞擊之後會發生什麼事，我必須等待，然後我同樣只能用目光跟隨它。假設有人在撞擊的那一刻阻擾我觀看事件的發生，那麼，身為一個單純的旁觀者，對於之後發生的事我將一無所知。

假如在阻擾我觀看之前，我發現了相應於事件模式的概念，那情況就不一樣了。在

11 西奧多・齊恩（Theodor Ziehen）的《生理心理學指南》，德國耶拿，一八九三年，一七一頁。

那種情況下，即便我不能再繼續觀察，我仍然可以說出即將發生的事。若僅僅只是受觀察的目標，本身並不會揭露關於它與其他事件或目標的關聯，只有在觀察與思維結合在一起時，這種關聯才會變得顯而易見。

◆ ◆ ◆

對於人類所有的心靈奮鬥而言（在所能意識到的奮鬥中），觀察與思維是兩個分離的點。常識以及大部分複雜的科學研究運作，都是以這兩種心靈的基柱為基礎，而哲學家則從各種主要的對立開始：想法與現實、主觀與客觀、表象與內在、「我」和「非我」、想法與意志、概念與實體、力量與物質、意識與無意識。不過，要證明觀察與思維必定置於所有的這些對立之前，其實是很簡單的，這對人來說，也是最重要的一個環節。

無論選擇制定怎樣的原則，都必須證明我們曾經在某處觀察到它，或必須以清晰的想法（可以讓任何其他的思維者再思考）將它明確地表明出來。每一位著手討論其基本原理的哲學家，都必須以概念形式，也就是利用思維，將這些原理表達出來。

我們在此不會決定，是否思維或其他某種東西是世界演進的主要因素。但是，倘若沒有思維，哲學家就得不到關於這種演進的知識，這是從一開始就很清楚的事。關於世界現象的發生，思維的影響也許無足輕重，但在形成對它們的觀點上，無庸置疑，它佔有最重要的地位。

至於觀察，對它的需求乃是基於我們的構成屬性。我們對一匹馬和「馬」這個目標的想法是兩件事，這讓我們在這兩者之間產生了距離，唯有透過觀察，這個目標才能被我們理解。只是盯著這隻動物看，我們能夠形成概念的機會，就跟只靠思考去創造一個物體一樣——不可能。

在時間的順序上，觀察發生於思維之前，即便是思維，我們也必須先透過觀察才能得知。在這一章的開頭，我們提到思維如何從一個事件的呈現中萌芽，然後發展超越了事件的呈現，而事實上，這就是對觀察的描述。也就是說，**進入我們經驗中的每件事物，都會先透過觀察而察覺到它**。

感覺、知覺和思考的內涵，以及所有的感受、出於意志的行為、夢想和幻想、心智圖像、概念和觀念、所有的假象和幻覺，都是透過觀察而得到。

但是，作為一項觀察目標的思維，與其他所有的目標在本質上是不一樣的。

當我感受到一張桌子或一棵樹這些目標時，我對它們的觀察立刻就展開了，但同時間，我並沒有觀察自己對這些東西的想法。亦即我先觀察桌子，然後才對桌子進行思考，所以我並未在同一時間觀察到這一點。

如果除了觀察桌子之外，我也想觀察對桌子的想法，那麼我必須先採取一個在自身活動之外的立場。然而，觀察東西和事件以及思考它們，是不斷進入生活裡的日常事件，所以，「**觀察思維**」這件事本身是一種例外情況。

當我們討論到思維與所有其他觀察內容的關係時，一定要把這個事實適當地納入考量。我們還必須十分清楚一件事：**在觀察思維時，我們運用了研究世界內涵時構成事件的一般進程程序，但這個進程中的程序，並不適用於思維本身**。

也許有人反對我所說過的：思維適用於感覺，也同樣適用於所有其他的心靈活動。所以我在此舉個例子，當我有了愉快的感覺時，這種感覺也會由某個目標點燃，但這個目標是我觀察的對象，並不是愉快的感覺。

然而，這個觀察的基礎是錯誤的，愉快和目標的關係，跟由思維形成的概念和目標的關係，一點兒也不一樣。我用最正面的方法意識到，**一件事物的概念是經由自身的活動而形成的；而愉快是由一個目標在我內心所製造出來的感受**，舉例來說，就和「一顆石頭掉落在一個目標上所引發的改變」是同樣的方式。

但是，概念並不是這麼一回事。我可以問：為什麼一個特定事件會在我心裡激起愉快的感覺？但肯定無法問：為什麼一個事件會在我心裡製造出一系列特定的概念？因為答案沒有意義。

在仔細思考一個事件時，我絕不會關心它對我的影響。我無法透過了解「觀察被石頭砸到的玻璃窗所發生的變化」這件事的概念，來知道關於我自己的事。但是，當我知道有某個事件在我心裡激起感覺時，我會很肯定知道，這是我性格方面的反映。

當我提到一個觀察到的目標時，如「這是玫瑰」，我完全不是在說跟自己有關的事，但當我說同一個東西「賦予我愉快的感覺」時，我不只是在描繪玫瑰的特性，我也在描述我自己和玫瑰的關係。

因此，把思維和感覺當作觀察目標，是完全沒有問題的。其他的人類心靈活動也是如此，只是與思維不同的是，它們必須被歸類為其他的觀察目標。思維獨具的特質就在於此——它是一項只針對被觀察目標而非思考性格的活動。

從我們表達出對目標的想法中，這一點尤其明顯，非常不同於我們的情感或出於意志的行為。

當我看著一個目標物，並認出它是桌子的時候，我通常不會說：「我正在思考一張

桌子。」而會說：「這是一張桌子。」另一方面，我會說：「我喜歡這張桌子。」在前者的情況裡，我完全不是在聲明自己和桌子之間的關係，但在後者的情況中，這種關係才是重點。在說：「我正在思考一張桌子」時，我已經進入了上述的例外狀況（「觀察思維」），在這個狀況下，一直包含在我們心靈活動中的某種東西（儘管不是觀察目標），它本身就被當成了觀察目標。

正是思維的這種特殊性質，才會讓思維者在實際投入於思考行為時，忘卻了他正在思考。由此可以知道，佔據他注意力的並非是他的思維，而是他正在思考的目標，也就是他正在觀察的東西。

所以，在思維上，我們所得到的第一項觀察結果是：**思維是日常心智生活和心靈生活中未觀察到的元素**。

◆ ◆ ◆

我們之所以不觀察在日常生活中不斷進行的思維原因，莫過於它是出自於我們自身的活動。

所有出現在觀察範圍內、只要不是自己製造的，就是觀察的目標；當我和目標遭遇時，它對我來說就是一個獨立於我之外的東西。一旦碰上了它，我就必須把它視為某種出現在思維歷程之前的東西，這是一個先決條件。

當我在仔細思考這個目標物時，我專注於它，注意力都放在它上面，這樣的專注就是以思維去深思熟慮，也就是我處理的不是我的活動，而是這個活動的目標。換句話說，當我在思考時，我完全沒留意到自己正在思考（我製造出來的東西），我只注意到我所思考的目標（並非我製造出來的東西）。

再者，當我進入例外狀況並探究自己的思維時，我的立場也是一樣。我絕對無法觀察到當下的思維，我只能隨後採用思維歷程的經驗，作為新的思維目標。

假如我想觀察當下的思維，就必須將自己分裂成兩個人，一個負責思維，另一個負責觀察這個思維，但我無法這麼做，我只能用兩個分別的動作來完成它。我永遠無法在被觀察的思維中處理它，我只能在另一個思維中處理它。基於這個緣故，無論是觀察之前的思維，或是密切注意另一個思維歷程，又或者，如同在撞球移動的例子，去假定一個想像的思維歷程，都是無關緊要的。

有兩種東西是無法同時成立的：生產性活動和對它的同步思考。這一點在《創世紀》

（1:31）中便看得出來。神在前六天裡創造了世界，在有了世界之後，才可能產生對它的任何思考：「上帝看著一切所造的都甚好。」同樣的道理，也適用於我們的思維。**要先有那個東西，我們才能觀察它**。

我們不可能在思維發生的當下去觀察它的理由，正是因為相較於世界上的其他歷程，我們更直接且更熟悉地知道它。因為它是我們自己的創造物，所以我們會知道它的進程特質，也就是歷程發生的方式。在所有其他的觀察層面上，只能被間接發現到——也就是，兩個個別目標的相關背景和它們之間的關係——在思維的情況裡，我們絕對是以直接的方式知道的。

以我的觀察來說，表面上我不知道閃電之後打雷的原因，但從這兩個概念的內涵中我**直接知道，為什麼我的思維會把打雷的概念和閃電的概念聯繫在一起**。我對閃電和打雷有沒有正確的概念並不重要，但這兩個概念之間的關係，對我來說十分明確，而且是透過概念本身傳達給我的。

我們對思維歷程方面的通透明確程度，與我們對思維的生理基礎知識完全無關，我在此所說的思維，指的是從觀察自己的心靈活動中得知的思維。我大腦中的物質歷程，對於如何在執行一項思維作用時，引發或影響另一個物質歷程，根本無關緊要，因為我在思維上所做的觀察，並不是讓我在大腦中把閃電概念和打雷概念聯繫在一起的那種歷程，而是使我將兩個概念帶入一個特殊關係的原因。

我的觀察告訴自己，在將兩種想法聯繫在一起的時候，引導我的只有自己想法的內涵，而我並未受到大腦中任何物質歷程的引導。在一個比我們的時代更不講求唯物主義的時代，這樣的言論完全是多餘的，而當有人相信「我們一旦知道物質是什麼之後，也應該知道它是如何思考」的時候，我們就必須堅決主張，一個人可以談論思維，卻不涉及大腦生理機能的領域。

今日有許多人發現，很難領悟純粹思維的概念。如果有人質疑我在此引述卡巴尼斯（Cabanis）的主張——「大腦釋出想法，就跟肝分泌膽汁或唾腺分泌唾液一樣」，那些人就是不了解我在說什麼。他們試著透過純粹的觀察歷程——和我們處理世界上的其他目標是相同手法——去找出思維。但是，他們無法利用這種方法找到它，因為如同我之前說過的，它就是避開了這樣的日常觀察。

無法超越唯物論的每一個人，都缺乏形成（我之前提及的）例外狀況的能力，因為只有在那種狀況下他才能察覺到，所有其他心靈活動中的一切都是無意識的。假如有人不願意接納這個觀點，那麼我們就無法和他討論思維，就像無法和盲人討論顏色一樣，但無論如何，他必定無法想像將生理歷程視為思維，而且他也無法解釋思維，因為他就是無法看見它。

然而，對於有能力觀察思維的人——並且出於良善的意願，每個正常人都有這種能力——來說，這種觀察也許是他所能做的最重要的觀察，因為他本身便是觀察目標的創造者，所以他會發現自己遭遇的不是一個外來物，而是他自身的活動，他知道所觀察的東西是怎麼來的，也了解它的關連和關係。

現在，我們已經達成了一個堅強的論點，讓人們可以（懷抱些許成功的希望）從中找尋對所有其他世界現象的解釋。

◆ ◆ ◆

使笛卡爾（Descartes）成為現代哲學之父的堅強論點，形成了整個人類知識的基礎，那個原理就是：**我思，故我在**。

所有其他的東西，所有其他的事件，都與我無關，我不知道它們是否為真相、假象或夢境。其中只有一件事情是我絕對肯定的，那就是我的思維，因為是我自己賦予它的存在。無論最終它可能有什麼其他的源頭，也許源自於神或其他地方，但有一件事我很肯定：**是我自己造成了它的存在**。

在剛開始時，笛卡爾未並給予他的主張除了這個意義外更多的辯解，即使他絕對有資格去堅稱：**在世界的內涵裡，我理解思維中的自己，而思維就是我自己最獨特的活動**。

一直以來，大家對「故我在」的意義爭論不休。它可能只在一種情況下具有意義，而我對一個東西所能做的最簡單主張就是：它存在。

出現在我經驗裡的任何特殊事物，我要怎麼進一步去定義它的存在？在剛看到它的時候，都還很難說，因為在決定怎麼去說明每一個目標物的存在之前，我們必須研究它與其他事物之間的關係。我們所經歷過的事件也許是一套知覺，或是一個夢境，一個幻覺等等。簡單的說，我無法說明它為什麼存在。

我無法從事件本身推測出來，但是當我思考這個事件與其他事物的關係時，我應該就可以發現到。不過，除了它和那些其他事物的關係外，我也一無所知了。唯有當我發現一個目標的存在，是我能用源自於它本身的道理來說明時，我的調查研究才有堅實的基礎。我本身就是這樣一個會思考的目標，因為，我給予我的存在一個具有自我決定的明確內涵思維活動。從這裡，我可以接著問，是否有其他事物會以相同或其他的道理存在？

當我們把思維當作觀察目標的時候，我們就是在為其他觀察到的世界內涵添上我們通常注意不到的東西，但我們與其他事物的關係絕對未曾改變，因為我們是在觀察目標的數量上做添加，而不是在方法的數量上做添加。

當我們觀察其他事物的時候，一個被忽略的歷程進入了世界歷程（我在此將觀察納入其中）之中。某種存在的東西不同於所有其他歷程，那是某個未被考量到的東西，但當我觀察自己的思維時，並沒有這種被忽視的元素，佔據整個背景的仍是思維本身。觀察目標和被引導到它之上的活動，在特質上是一模一樣的，這是思維的另一個特點。當我們把思維當作觀察目標時，我們並不是非得要有某種不同特質的東西的協助，而是仍然可以用同樣的元素。

當我把一個和我沒有關係的目標放到思維裡的時候，我所做的就不只是觀察而已，然後問題來了：我憑什麼這麼做？為什麼我不讓那個目標留個印象給我就好？我的思維要怎麼樣才能和那個目標產生關係？這些是每個人在仔細思考自己的思維歷程時，都必須自問的問題。但是，當我們在考慮思維本身的時候，所有的這些問題都不復存在了。所以，我們不會在思維裡加上外來的東西，因此也沒有必要去將任何這樣的額外之物合理化。

謝林（Schelling）說：「了解自然，意味著創造自然。」如果我們從字面意義來看這位大膽的自然派哲學家所說的話，就必須永遠拋棄獲得大自然知識的所有希望。因為大自然已經在那兒了，而為了再次創造它，我們首先必須知道它據以產生的原理，而為了能夠憑著創造去建立大自然，我們應該向已經存在的大自然借用或抄襲其基礎原理。這種借用（必須發生於創造之前），不管怎樣，它的意思就是了解大自然，而且就算借用之後並未產生創造，情況依然如此。我們唯一能夠創造但不先具備其相關知識的大自然，至今不曾存在過。

大自然方面對我們來說不可能的事，就是在了解之前先創造，儘管我們在思維上確實是這樣。要是我們必須先得到關於思維的知識才能思考，那我們就永遠都達不到能夠思考的程度。我們必須毅然決然地賦予思維活動的權利，之後或許才能從觀察作為中獲得相關知識。對於思維的觀察，我們首先要創造一個目標，然後我們任何的思維活動，便不會去注意所有其他目標的存在。

「在能夠檢視思維之前我們必須先思考」，我的這個論點可能很容易被同樣合理的論點反駁：「我們不能等到觀察過消化歷程之後才去進行消化。」這樣的反駁很類似於帕斯卡（Pascal）反對笛卡爾的論點，當時他堅決主張我們也可以說：「我走，故我在。」當然，我必須直接消化，不用等到研究過消化的生理歷程後才去消化，但我只能拿這個來比喻思維的研究——假設在消化作用過後，我不用思考來研究，而是去吃或者去消化。畢竟這並非沒有道理，因為消化作用本身不能變成消化的目標，而思維卻能很適合的成為思考的目標。

那麼，無可爭論的，在思維上我們已經了解了整個世界歷程的一隅，而這個歷程——假如有發生任何事情——需要我們的參與，這就是每件事情的關鍵點。為什麼我碰上的事情都這麼難解，原因正是我沒參與它們的產生歷程，我只是遇上它們，但在思維的案例中，我知道它是怎麼產生的。因此，就世界上發生的所有事情而言，沒有什麼是比思維本身更基礎的起始點。

現在我想提到時下一個關於思維的普遍誤謬，常常有人說，由於思維就是在它本身之中，所以它不是上天賦予我們的：將我們的各種觀察連結起來，並且為它們編織出一個概念網絡的思維，與後來為了使它成為我們研究的目標，而從觀察目標中抽取出來的思維根本不一樣。那些人說，我們首先無意識地編入事物當中的元素，與我們特意再從那些事物中再次抽取出來的元素是截然不同的。

秉持這種觀點的人並未了解到，這種說法再怎麼樣都離不開思維。如果我們想區分在之前我們就已經察覺到的思維，和之後我們才察覺到的思維，我們就不該忘記，這種區分是一個純粹外在的區分，與事情本身一點兒關係都沒有，它不會因為我對它的思考而發生任何改變。

我可以清楚地想像，有一種感覺器官結構與我們截然不同的生物，有著運作方式與我們不同的智慧，它對一匹馬的心智圖像會和我的非常不一樣；但是，我無法想像，我的思維經由我對它的觀察，而變成了某個不同的東西。我觀察我自己的產物，我們在此討論的，不是我的思維對於我之外的智慧生物而言看起來如何，而是對我而言看起來如何。

也許另一個智慧生物擁有對我思維的描寫，但再怎麼說，都不會比我自己來得更實在。假設我不是做了思考的那個人，我碰上的思維對我而言是個外來的活動，我才可能說——儘管我對思維的描寫也許是以特別的方式發生的——那個生命體的思維也許看來像是在它自身之中的，而我無從得知。

到目前為止，沒有絲毫理由讓我覺得，應該從任何觀點把自己的思維視為不是自己的。畢竟，我是透過思維來思考我以外的世界，所以為什麼我要把自己的思維視為例外？

我相信我已經舉出了充分的理由，說明思維是我對世界研究的起點。當阿基米德發現槓桿原理時，他認為他可以從宇宙的樞紐舉起整個宇宙，只要他能幫他的支撐工具找到一個支點。他需要的某種東西是由它自己支撐，而不是由其他東西支撐。在思維方面，我們具有一個透過它本身而存在的原理。所以，讓我們試著從這個基礎開始去理解世界。我們能夠透過思維本身來領會它，問題是，我們是否也可以透過它來領會其他任何事物？

◆◆◆

到目前為止，我提到思維時都未提及它的工具，也就是**人類意識**。今日大多數的哲學家會反駁說，在可能有思維之前，必須要有意識。因此，我們應該從意識開始，而不是從思維開始。也就是說，沒有意識，就不會有思維。對此，我必須回應，我認為思維是先決條件。

但是仍然會有人爭論說，雖然哲學家試著去理解意識時運用了思維，在那個情況下，思維是先決條件，但在日常生活中，思維確實是從意識而來，所以意識才是先決條件。

現在，假如我們在世界的創造者準備創造思維時指出這樣的答案，它無疑就是正確的。當然，不可能在有意識之前先創造思維。然而，哲學家所關切的並不是創造世界，而是了解世界，因此，他必須為了了解世界去尋找起點。哲學家最重要的事情是，煩惱自己學說的正確性，而不直接將心力投入於他試圖去了解的目標，這在我看來是非常不可思議的事情。**世界的創造者會先知道如何為思維找到一個工具，而哲學家必須為自己企圖了解已經存在的事物，去尋求一個可靠的基礎**。假如我們不先知道思維是否真的能夠給予我們理解事物的洞察力，又怎能幫助我們從意識開始，然後仔細地審視思維？

我們必須先十分公正的考量思維，不涉及任何思考的主體或被思考的客體，因為主體和客體都是由思維所形成的概念。不可否認的，**在能夠了解任何事物之前，一定要先了解思維**。否認這一點的人，便無法理解人並非是創造鏈裡的第一個環結，而是最後一個。因此，為了透過概念來說明世界，我們無法從一開始存在的元素開始，但我們必須從和我們最近及最熟悉的元素開始。我們不可能為了從創世之初開始研究，而讓自己回到世界開始的時候，我們必須從當下開始，然後看看我們是否可以從後面的時間追溯到之前的時間。

既然地質學創造了造成地球今日樣貌的驚人大災難，它只好在黑暗中摸索。只有當它開始研究至今仍影響著地球的作用，並且從這些作用反推到過去，它才能得到一個堅實的基礎。

只要哲學繼續假定各種基本原理——像是原子、運動、物質、意志或無意識——它就始終得不到一個可靠的基礎。一個哲學家只有在他看清自己終於想在何時做出第一次出擊的時候，他才能達成他的目標。**在世界的發展上最不可能改變的一件事就是：思維**。

有人說我們不可能去確定弄清楚思維到底是對的還是錯的，所以不管如何，我們的起點都頗令人疑惑，這種說法就跟懷疑一棵樹在本質上是對還是錯一樣沒道理。思維是一件事實，而說一件事實是真的還是假的，沒半點意義。我頂多只會懷疑思維是否有被正確地運用，就像我能夠懷疑某棵樹是否能夠提供適合的木材，給某個有用的東西作為它的組成。證明將思維多深入地應用於世界才是對的或錯的，正是本書的任務。假如有任何人懷疑我們是否能藉著思維來取得世界的知識，我可以理解，我無法理解的是，怎麼會有人懷疑思維在本質上的正當性！

作者的補充（一九一八）

在之前的討論裡，我曾指出在思維和所有其他靈魂活動之間的重大差異，它是在真正不帶偏見的觀察下的事實。不想努力做到這種無偏見觀察的人，很容易用以下類似的異議來反駁我的論點：

當我在思考一朵玫瑰的時候，畢竟只是表達出「我」和那朵玫瑰的關係，大概就像當我感覺到那朵玫瑰的美時。在思維上，「我」和目標之間有一種關係，就像在感覺或知覺上那樣。

這樣的反駁完全忽略掉一個事實：**只有在思維活動中，「我」才知道自己是那個表現主動的同一個人，與這個活動的所有延伸性影響都有關係**。在沒有其他靈魂活動的狀況下，事情完全就是這樣。

舉例來說，在一個愉快的感覺裡，完全有可能做出更精細的觀察，去區別以下這兩種程度：「我」知道它本身就是那個表現主動的同一個人；在「我」之中含有被動的成分，愉快對它來說只是一種現象。

同樣的道理，也適用於其他的靈魂活動。最重要的是，我們不該把「具有思想影像」和由思維精心創作的思想混淆在一起。在夢境產生之後，靈魂裡也許會出現思想影像，就像朦朧的提示一樣，但那並不是思維。現在也許有人會說：那是你透過「思維」所表現出來的意思，然後你的思維又牽涉到意願，所以那不僅跟思維有關，也跟思維裡的意志有關。然而，這只會幫我們證明一句話：**真正的思維必定是由意志促成的**。但是，就如之前討論過的，這跟思維的特性描述毫無關係。

即便思維的本質必然意味著它是由意志所促成，但重點是，沒有東西的產生是由意志所促成的，思維的產生在「我」看來，並不完全是它自身的活動，也不完全是在它自己的監督之下。

的確，我們必須說，由於這裡所定義的思維本質，在觀察者看來，必定完全是由意志所促成。如果我們真的努力去領悟與思維本質的判斷有關的每一件事情，我們便可以了解，這種靈魂活動確實具有我們在此描述的獨特性質。

有一位我給予高度評價的思想家曾反駁說，根本不可能談論我們在此討論的思維，因為我們相信自己觀察到的主動思維，只不過是假象。在現實中，我們觀察到的只是以思維為基礎的無意識活動的結果。只不過這種無意識活動沒有被觀察到，所以才會產生被觀察到的思維，是憑它自己而存在的假象，就像由一連串迅速產生電火花所形成的照明，我們相信自己看到的是一個連續的運動。

這個反駁所依據的，也是對事實的不正確觀點。抱持這種觀點的人忘記了，正是這個「我」——從它在思維裡的立場——觀察到它自身的活動，這個「我」必須處於思維之外，才會陷入一連串迅速產生電火花所形成的照明，並由此所造成的詭計中。

秉持類似上述說法的人真的是在自欺欺人，就好比某個人看到了移動光，便堅持說是有一隻無名手在光線出現的每一個點把它點亮。不，任何人若決心在思維中看到除了由「我」本身創造出來、可明確調查的活動以外的事物，他必須不要理會眼前清晰可見的事實，才能創造出一個假設的活動，來作為思維的基礎。就算他沒有因此失去理智，也必須承認，每一件他用這種方法「想出來」、附加於思維的東西，只會引導他偏離思維的真正本質。

無偏見的觀察指出，除了原本就存在於思維裡的，沒有什麼會被視為思維本質的一分子。假如有人步出思維本身的範圍之外，他絕不可能找到思維的源頭。

第四章／世界是我們的知覺印象

概念和觀念是透過思維而產生的，我們無法以言辭表達「概念」是什麼，言辭所能做的，充其量是吸引我們去注意，我們已經對其具有概念的事實。

當一個人看到一棵樹，他的思維會對他的觀察產生反應，給予目標一個觀念上的元素，然後他認為那個目標和相對應的觀念是屬於彼此的。當目標從他觀察的範圍裡消失時，留下的只有相應的觀念，後者就是那個目標的概念。

我們的經驗範圍越廣，概念的總和就越大。但是，各個概念之間必然不是彼此孤立的，它們會結合成一個井然有序的整體。舉例來說，「生物」的概念會與「有秩序的發展」和「成長」的概念連結在一起。

因此，單一目標的其他概念，會融合成一個整體，所有我可以形成獅子的個別概念，會融合成「獅子」的集體概念。

按照這個方法，所有分別的概念都可以結合成一個封閉的概念系統，在這個系統裡，每一個個別的概念都有它的作用。

觀念在性質上和概念沒有什麼不同，它們是更完全、更飽滿、更廣泛的概念。尤其重要的是，我在這裡必須提醒大家一定要記住，我讓思維成為我的起點，而不是透過思維去得到概念和觀念，因為思維已經是後面兩者的前提了。因此，我對獨立自主的思維本質的看法，不能就這樣轉換成概念（我特別提到這一點，是因為它在此是我有別於黑格爾的地方，黑格爾把概念視為某種原始的東西）。

概念無法透過觀察而獲得，這可從一個簡單的事實推斷而來：成長中的人類對於他周遭的目標，只能緩慢、逐漸地形成相應的概念。**概念是被補充到觀察裡的。**

今日頗負盛名的哲學家，赫伯特・史賓塞，對於我們做觀察的心智歷程這麼描述：

> 假設九月的某一天當我們走在田野裡時，你聽到前方幾碼之處傳來窸窣聲，就在一個壕溝旁，你看到雜草晃動，你也許會走向前去瞧瞧這個聲音和晃動是怎麼發生的。當你靠近時，一隻鷓鴣振翅衝進壕溝裡。
>
> 看到這一幕，你的好奇心得到滿足——你得到了對於這個現象的解釋。這件事情的解釋、說明，讓這件事有了結果。不過，在你一生當中，你有過無數這樣的經驗：在靜止的小物體間發生騷動，伴隨著它們之間其他物體的移動。然後你把這種騷動和移動之間的關係歸納起來，當你發現這個特定的騷動呈現出類似關係的時候，就覺得它得到了解釋。[12]

一項更詳細的分析所指出的情況，與以上的描述截然不同。當我聽到一個聲音時，我會先去尋找符合這個觀察的概念。首先引導我注意到聲音之外事物的，就是這個概念。如果一個人不進一步思考的話，會在聽到聲音後就滿足的離開，但我的思考讓我很清楚的知道，我必須把聲音視為結果。因此，我會覺得除了觀察之外，還必須找出原因，直到我將結果的概念和對聲音的察覺連結起來。結果的概念會招來原因的概念，然後我的下一步就是尋找作為原因的目標，而我發現它是鷓鴣。然而，原因的概念與結果的概念，我絕對無法只憑觀察而有所獲得，無論有多少個靠觀察應付過去的例子。觀察誘發思維，而告訴我如何將一個個別經驗與另一個連結起來的，正是思維。

如果有人要求的科學，是光憑觀察而取得其內涵的「嚴格客觀科學」，那麼他也必須要求科學放棄所有的思維。因為思維，就其本質而言，已經超出了可以觀察到的情況。

◆ ◆ ◆

我們現在的焦點必須從思維前進到思維者，因為正是透過思維者，思維才能與觀察結

12 《第一原則》，第一部分，二十三頁。

合在一起。**人類意識是概念和觀察相遇且彼此結合的舞臺**，當我們這麼說的時候，我們就已經指出了人類意識的特性——它是思維與觀察之間的協調者。

只要我們觀察到一樣東西，它在我們看來就是一個被觀察的目標；只要我們思考，我們在自己看來就是主動的。我們把那個東西視為客體，把我們自己視為思考的主體。因為我們把思維引導到我們的觀察上，所以我們會意識到客體；因為我們把思維引導到我們自身，所以我們也會意識到自己，或是具有自我意識。**人類意識，出於必然性，必定同時也是自我意識，因為它是會思考的意識**。

更進一步說，因為當思維在思量它自身活動的時候，它就將自己的實質存在（主體）變成了一個東西（客體）。

然而，我們千萬不能忽略，唯有在思維的協助之下，我才能夠決定自己是主體，並且拿自己與客體相互對照。因此，絕對不能把思維視為僅僅是主體的活動。思維的地位是超越主體和客體的，它創造這兩種概念，就像它創造所有其他概念一樣。

因此，當我這個思維的主體把一個概念與一個客體聯繫起來的時候，我必定不能把這種關係視為純粹是主體的。造成這個關係的並不是主體，而是思維。主體並不因其是主體而思考，而是因為它能夠思考，所以在它看來，自己就是主體。身為一個會思考的存在體，人類所做的活動便不是純粹主觀的，它既不主觀，也不客觀，而是超越這兩種概念的某種東西。

我不應該說我的主體會思考，而應該說，我的主體是靠著思維的恩典而存在。思維是引導我超越自我和聯繫我與客體的一種元素，但同時，它把我和它們區隔開來，讓我作為主體，與它們的客體形成對比，就是這一點構成了人類的雙重天性。他思考，從而接納他自己和這個世界，但同時也正是透過思考，他才能判定自己是一個相對於事物的個體。

◆ ◆ ◆

接下來，我們必須問問自己，其他的元素——到目前為止我們只是單純的稱之為觀察的目標（在我們的意識中碰上思維）——是怎麼進入我們的意識？

為了回答這個問題，我們必須從觀察範圍中刪除被思維引入的一切，因為我們意識的內涵，會在任何時候以各種方式與概念交織在一起。

我們必須想像，不知道從哪裡冒出一個具有完全發展的人類智慧存在體，然後它與這個世界遭遇了，而在它的思維運作之前，它所意識到的是純粹的觀察內容。

這個世界在這個存在體看來，只不過是各種感覺目標的無連結聚集：色彩、聲音、壓力、溫暖、味道和氣味；還有愉快和痛苦的情感。這種聚集是純粹、未經思考的觀察內容。與之恰好相對的是思維，一旦一個起事點出現後，思維便馬上展開它的活動，經驗同時指出這確實在發生。

思維能夠從一個觀察的元素中抽出一些頭緒到另一個觀察的元素裡，它把明確的概念和這些元素連結在一起，從而建立起它們之間的關係。我們已經看過，我們聽到的聲音是如何與另一個觀察內容聯繫在一起的——藉著定義前者為後者的結果。

假如我們現在想起，思維活動決不應被視為僅僅是主觀的，那麼我們就不該試著相信，由思維建立起來的關係僅限於主觀的效力。

我們的下一個任務是透過仔細的思考，找出上述的觀察內容與意識主體有什麼關係。由於現行語言的含糊性，讓我覺得有必要和我的讀者在一個詞（我在後文中會用到）的使用上達成協議。我會將「**知覺印象**（***percept***）」一詞運用在上述列舉的感覺目標上——只要是意識主體透過觀察而理解到的。那麼，我所謂的「知覺印象」就不是觀察的歷程，而是觀察的目標。

我不選擇「感覺」一詞，是因為它在生理學上有其特定的意義，比「知覺印象」的概念意義更狹隘。我可以說自己內心的情感（情緒）是一種知覺印象，但不是生理學用詞上的那種感覺。即使是我所知道的情感，也是經由「變成我的知覺印象」這個歷程而為我所知。此外，我們透過觀察而獲得思維的知識也是這麼一回事，那個思維的首次出現對我們的意識來說，也可以稱為知覺印象。

天真而毫無質疑的人會把他的知覺印象（在他的直接理解中看起來的樣子）視為完全獨立於他之外而存在的事物。**當他看到一棵樹，他在第一時間便相信，他目光聚集之處的那棵樹就是他所看到的樣子——它各個部分的不同顏色等等。**

當同一個人在早晨看見地平線上如圓盤的太陽時，他的目光隨著這個圓盤的路線移動，他相信，這一切就如他觀察到的一樣存在和發生。所以他深信不疑，直到他遇到與前一個知覺印象相牴觸的進一步知覺印象。而一個對距離沒有經驗的孩子會伸手抓月亮，並且憑第一印象知道月亮的模樣，但是當第二次的知覺印象與第一次相矛盾時，他會修正月亮的現實模樣。

我的知覺圈每一次擴展時，都令我不得不修正我對世界的看法。我們在日常生活中常會看到這種情況，也會在人類的心靈發展中看到同樣的情況。對於地球與太陽以及其他天體的關係，古人所做的描寫，在哥白尼發現與某些知覺印象（在古時候是無人知曉的）不符後，就必須被取代掉。一個原本天生的盲人在接受了法蘭茲醫生（Dr. Franz）的手術之後說，物體大小的樣子是相當不同的，在手術前他靠觸感去形成一個樣子，現在他必須經由視覺去修正他的觸覺。

為什麼我們不得不對我們的觀察做這些持續的修正呢？

一個很簡單的思考，為這個問題提出了解答。**當我站在林蔭大道的一頭時，另一頭的樹群與我有些距離，比我所站之處的樹看起來更小、更密集。當我改變了位置後，我的知覺圖像也改變了。**因此，它呈現給我的模樣是根據情況而異的，而這個情況指的並非觀察目標，而是知覺者。

其實，無論我站在哪裡，林蔭大道都一樣，但對於它，我所產生的圖像就取決於我所在之處的角度。同樣的道理，不管人類剛好從地球的哪個角度去看太陽或其他天體，它們都是一樣的，但呈現給人類的天文知覺圖像，便取決於人類居住在地球的這個事實。

我們的知覺圖像與觀察地點的密切相關性，是最容易了解的。不過，當我們意識到知覺印象的世界有多麼仰賴我們的身體與心靈組織時，事情就變得比較困難了。物理學家向我們證明，在我們聽得到某個聲音的空間內，有空氣的振動，而且我們所尋找的聲音來源物體，也表現出它各部分的振動運動。只有在我們擁有構造健全的耳朵時，我們才能察覺到這種運動，也就是聲音，否則的話，這個世界對我們來說是永遠寂靜的。生理學告訴我們，有些人察覺不到在我們周遭的斑斕絢麗色彩，他們的知覺圖像只有顏色深淺的程度，而有些人只對某種顏色是沒有感知（色盲），譬如紅色，他們的世界圖像缺乏這種色彩，因此他們察覺到的這個顏色與一般人察覺到的是不一樣的。

我想把我的知覺圖像對觀察的相依性稱為「數學的（mathematical）」，把對我身體組織的相依性稱為「性質的（qualitative）」，前者決定我的知覺的大小比例和相互距離，後者決定它們的性質。我把一個紅色的表面視為紅色——這是性質上的決定——而這個事實所仰賴的是我的眼睛組織。

那麼，我的知覺圖像在第一時間是主觀的。承認我們知覺印象的主觀性，可能很容易引導我們去懷疑，對它們是否有任何一絲的客觀基礎存在。當我們意識到一個知覺印象——譬如說，對紅色或某種音調的知覺印象——在缺乏身體組織的某種特定結構時是不可能的，我們就可能被引導去相信，離開了主體組織，它便無法持續下去，而且要不是我們把它當作一個目標去察覺，它無論如何都不會存在。這個觀點的經典代表是喬治．柏克利（George Berkeley），他的見解是，從我們了解到主體對知覺印象的重要性那一刻起，我們便不再能夠相信，世界上沒有具有意識的心靈。

有些真相對於心智來說是那麼近又那麼明顯，人們只需要睜開眼睛去看就行了。對我而言，這麼一個重要的真相，便是所有的天堂聖樂團和地球設施，簡言之，就是組成世界強大結構的所有實體，但沒有心智就不會有任何的存在，它們的存在正等待人們去察覺或知曉。

因此，只要它們沒有被我察覺到，或不存在於我的心智或任何其他創造物的心智中，它們必定根本就不存在，或是存在於某個永恆心靈的心智中[13]。

依據這個觀點，**當我們從事實中拿走了被察覺的部分，知覺印象就什麼也不剩了**。在沒有看到顏色的時候，是沒有色彩的，在沒有聽到聲音的時候，就是無聲的。沒有了知覺行為，長度、形狀和移動也和顏色、聲音一樣不存在。我們在任何地方都看不到單單只有長度或形狀的存在，它們無疑地必定與顏色或某種其他特性結合在一起——端視我們的主觀性而定。

假如當我們不再察覺到它們的時候，後者（顏色及特性）便消失了，那麼與它們結合在一起的前者（長度或形狀等），必定也同樣地消失。

◆◆◆

「一定有東西無需意識而存在，而且意識就類似於有意識的知覺圖像，即使是外形、顏色、聲音等等，除了在知覺行為裡，是不存在的」，對於這樣的反駁，上述觀點會回答，一個顏色只可能與另一個顏色相似，一個外形只可能與另一個外形相似。

然而，即使是**我們所指稱的目標，也只不過是以特定方法結合起來的一系列知覺印象**。如果我拿掉一張桌子的形狀、長度、顏色等等——也就是我知覺上的所有一切——那麼就什麼也不剩了。

這個見解將符合邏輯地隨之出現，它所導致的主張是，我的知覺目標只透過我而存在，而且的確，只要我察覺到它們，它們才存在；它們也會隨著我的知覺作用而消失，在離開我的知覺作用之後，它們便沒有任何意義了。**假如我沒有知覺印象，我便不知道任何目標，也無法了解任何事情**。

「知覺印象有一部分是由我這個主體的組織所決定」，只要我指的是這個純粹普遍的事實，就沒有什麼可以反駁這個主張。但是，假如我指的是產生一項知覺印象，我們的知覺作用扮演著什麼角色，情況就不一樣了。那麼我們就應該知道，在知覺印象被察覺到的

13 柏克利，《關於人類知識原理的論文》，第一部分，第六節。

時候，它發生了什麼事，而且我們也應該能夠判定，在被察覺到之前，它必定已經具備了什麼樣的特性。

這會使我們把注意力從知覺作用的目標（客體）轉到知覺作用的主體上，因為我察覺到的不只是其他事物，還有我自己。關於我自己的知覺印象，包含——相較於不斷來來去去的知覺圖像——我這個穩定的元素。

當我產生其他的知覺印象時，在我的意識裡一定會產生關於「我」的知覺印象，而當我被吸收到關於一個目標的知覺印象裡時，我暫時就只察覺到這個目標。在此處，可能要加上關於我自己的知覺印象，那麼我意識到的就不只是目標，還有那個遭遇目標和觀察目標的我自己的性格。

例如我在看一棵樹，我不只是看到一棵樹，還知道正在看著它的是我。此外，我也知道當我正在觀察那棵樹的時候，我內在所發生的事。當那棵樹從我的視野中消失時，這個歷程的後續效應（after-effect）會殘留在我的意識中——一棵樹的圖像。

在觀察期間，這個圖像已經與我的自我產生了關聯，我的自我變得更充實，它的內涵已經吸收了一個新的元素，我把這個元素稱為我對那棵樹的心智圖像。要是我沒有在我自己的知覺印象裡體驗過心智圖像，我絕對沒有機會談到它們。

知覺印象會產生，也會消失；我應該讓它們就這樣消逝，只因為我察覺到我自己，並且觀察到在每一個知覺印象的內涵中，我都在改變，所以我不得不去把對於目標的觀察與我自己的改變連繫起來，並且提及我的心智圖像。

我察覺到自身心智圖像的方式，和我在其他目標上察覺到顏色、聲音等等的方式一樣，所以我把我遇到的那些目標稱為**「外在世界」**，然後對我自身的知覺印象內涵稱之為**「我的內在世界」**，這樣就能夠有所區分。

不能識別心智圖像和目標之間的關係，已經導致現代哲學的最大誤解。察覺到我有所變化，表示我自己經歷了改變，這種知覺能力已經被放在最重要的地位，但造成這種改變的目標卻完全被忽略了。

有人說，我們察覺到的不是目標，而只是我們的心智圖像，這也就是說，我對我的觀察目標桌子本身一無所知，只知道當我在察覺桌子時發生在我內在裡的變化。大家不要把這個觀點跟前述的柏克利理論弄混了。柏克利理論保留了我的知覺內涵的主觀特質，但他並沒有說我的知識僅限於我的心智圖像。他將我的知識限制於我的心智圖像，是因為在他看來，沒有目標是與心智圖像分離的。

根據柏克利的觀點，當我不再看桌子的時候，我用來組成桌子的一切就都不存在了，這就是為什麼柏克利會說，我的知覺印象是直接透過神的全知全能而產生的，也是說，我看到一張桌子，是因為神在我身上喚起了這個知覺印象。因此，對於柏克利而言，除了神和人類心靈，沒有什麼是真正的存在。我們所稱的「世界」只存在於這些心靈之中，而天真的人所謂的外在世界或物質自然，對於柏克利而言是不存在的。

這個理論遭到時下流行的康德主義觀點的挑戰，後者將我們對世界的知識侷限於心智圖像，不是因為它確信事物不能存在於這些心智圖像之外，而是因為它相信我們條理分明，我們可以只感受我們自己的變化，而不去感受造成這些變化的事物自身。

這個觀點的論據是，我只知道我自己的心智圖像，並不是說在它們之外就沒有現實的存在，而是主體無法直接去理解這樣的現實。主體只能夠「以其主觀想法為媒介，透過這個媒介來想像它、創造它、思考它、察覺它，甚或無法察覺它」[14]，這個（康德主義）概念相信，它能夠十分肯定的表達出某個顯而易見、不需要證明的事情。

◆
◆
◆

哲學家必須提出來以釐清意識的首要基本主張是，首先，**承認我們的知識是受限於我**

們的心智圖像。我們的心智圖像是我們唯一直接知道、感受到的東西，而且正因為我們擁有對它們的直接經驗，所以即使是最激進的懷疑，也無法抹滅我們對它們的了解。

另一方面，**超越心智圖像以外的知識——把這裡的心智圖像做最廣義的解釋，才能包含到所有的心靈歷程——並非不利於懷疑的證明**。因此，在所有哲理闡述的一開始，我們必須清晰地寫下所有超越心智圖像、也經得起懷疑的知識。

以下是弗克特（Volkelt）在他的書裡對伊曼努爾．康德（Immanuel kant）《知識的理論》評論的開頭幾句。

這裡所提出直接且自證的真相，事實上是思想運作的結果：天真的人相信事物——就像我們察覺到的一樣——也存在於我們的意識之外。然而，物理學、生理學和心理學似乎教導我們，身體組織對於知覺印象而言是必要的，因此，除了身體組織傳達給我們的訊息外，我們並無法知道關於外在目標的任何事情。所以，知覺印象是經身體組織修改後的形式，而不是它們本身。

14 奧托．利布曼（O. Liebmann），《關於現實的分析》，二十八頁。

事實上，愛德華・馮・哈特曼曾經描繪這個思路的特性為：必定引導我們堅信「我們只可能擁有關於我們心智圖像的直接知識」[15]。因為我們發現（以聲音察覺到）在我們的身體之外有物體和空氣的振動，所以得到的結論是，我們所謂的聲音，只不過是我們身體對外在世界的那些物體運動的主觀反應。由此也得到相似的結論：顏色和溫暖只是經我們身體修改後的形式。再更進一步地說，這兩種知覺印象被認為是透過在外世界的歷程而產生於我們內在的，完全不同於我們所體驗到的溫暖或顏色。當這些歷程刺激到我皮膚上的神經，我就對溫暖具有主觀的知覺印象；當它們刺激到視神經，我便察覺到光和顏色。那麼，光、顏色和溫暖是我感覺神經對外來刺激的反應，連觸感傳達給我的也不是外在世界的目標，而只是我自己身體的狀態。

就現代物理學的角度來看，一個人可能會認為身體絕對是由稱為分子的小粒子所組成的，而且這些分子並未直接接觸，而是彼此之間有一段距離。因此，在它們之間是有空隙的，它們因為吸引和排斥作用，而越過這個空隙對彼此產生影響。假如我把手放到一個物體上，我手的分子絕對不是直接接觸到物體，而是在手和物體之間有一段距離，而我所感受到的物體的抗性，只不過是排斥力的分子對我的手發揮作用後所產生的影響。物體對我而言絕對是外在的，而且我察覺到的只是它對我身體的影響。

在這個討論的擴張上，有一個所謂的神經特定能量（Specific Nerve Energies）理論，是由J・米勒（J. Müller）（西元一八〇一至一八五八）所提出來的。它主張感覺有一種特性，就是每一種感官只會對所有外在刺激，以一種特定的方式做反應。假如視神經受到刺激，結果就是察覺到光，不管那個刺激是否是由於我們所謂的光，或是力學壓力或作用在神經上的電流。另一方面，將同樣的外在刺激運用在不同的感官上，產生的就是不同的知覺。

從這些論據歸納而來的結論是，我們的感官只能夠傳送發生在它們身上的訊息，但不能傳送外在世界的訊息。它們每一個都是根據自己的本質而決定了我們的知覺印象。

生理學指出，世界上並沒有直接知識，即使是物體作用於感覺器官所產生的效應。透過追蹤發生在我們體內的歷程，生理學家發現，即使是在感覺器官裡，外在運動的效應也是經過非常多重的轉換。

我們可以從眼睛和耳朵的例子看得最清楚，這兩者都是極其複雜的器官，在將外在刺激引導至相應的神經之前要做大量的修改，修改後的刺激從神經末稍傳輸到大腦，只有

15 參見他的《認識論的基本問題》。

在這個時候中樞器官才會受到刺激。由此而來的結論是，外在歷程在達到意識之前，會經過一連串的轉換，而大腦中所發生的一切，是由這麼多的居中環結將它與外在歷程聯繫起來，所以它與外在歷程是不一樣的。大腦最終傳送到靈魂的既不是外在歷程，也不是感覺器官裡的歷程，而是只發生於大腦的訊息。

但是，即使是這些訊息，也並未被靈魂直接察覺到。我們最後在意識裡得到的一點兒資訊也不是大腦歷程，而是各種感覺，我對紅色的感覺，與當我感應到紅色時發生於大腦中的歷程是不一樣的，紅色只是出現在靈魂中的一個結果，大腦歷程純粹是它的原因。這就是為什麼哈特曼會說：「因此主體所察覺到的，必定只是他自己心靈狀態的修正形式，別無其他。」[16]

然而，當我有了各種感覺的時候，它們根本沒有聚集成我所察覺到的「東西」，大腦只能將個別的感覺傳送給我。硬和軟的感覺由觸感傳送給我，顏色和光的感覺由視覺傳送給我，最後我會發現，將這些都合在一起，是同一件東西。

因此，這種統一性只能由靈魂本身造成，也就是說，靈魂將個別的感覺結合起來，再透過大腦傳達給身體。我的大腦將視覺、觸覺和聽覺以截然不同的途徑分別傳送給靈魂，然後靈魂再把它們結合成一個小喇叭的心智圖像。

在歷程裡的最後一個環節（小喇叭的心智圖像），對我的意識而言是第一次得到的東西，而意識裡不會再發現任何外在、且最初給我的感官留下印象的東西，那些外在的目標在通往大腦和經由大腦通往靈魂的途中，已經完全消失。

◆◆◆

我們在人類文化的歷史中，很難發現另一個建造得如此精巧、但仔細分析後卻又崩解得一無所有的思想殿堂。現在，讓我們再仔細審視它的建構方法。

我們先從天真的意識中所得到的開始——一個被察覺到的東西。然後發現，要是我們沒有感覺器官的話，這個東西裡的所有特質對我們而言就都不存在了，沒有眼睛，就沒有色彩，亦即色彩未呈現於影響眼睛的感覺中。

感覺首先是透過眼睛和目標的互動而產生，因此，後者是無色的。但是，顏色也不在眼睛裡，因為在眼睛裡，只有一種先由視神經傳導到大腦的化學或物理歷程，然後在大腦

16 參見他的《認識論的基本問題》。

裡再開始另一個歷程。但即使如此，那也不是色彩，它只會經由大腦歷程產生於靈魂，但此時它也還沒有進入我的意識，而是先由靈魂轉換給外在世界的物體，最後我相信自己察覺到那個物體，這樣才算走完了一個完整的週期，我們終於意識到那個有色彩的物體。

這是第一件事，此處是思想運作的開始。要是我沒有眼睛，那個物體對我來說就是無色的，所以我不能把色彩歸因於那個物體。我開始尋找色彩，我在眼睛裡尋找——徒勞無功；在神經裡尋找——徒勞無功；在大腦裡尋找——再度徒勞無功；在靈魂裡尋找——我確實在這裡找到了，但它不附屬於那個物體。我只有在回到起點時，才找得到那個有色彩的物體，這個週期才算完成了。我相信我認出了靈魂的產物，但天真的人會將其視為存在於他的外在，在外部空間裡。

只要有人在這裡停住，每件事情看起來都恰到好處，但我們必須從頭再走過一遍。至此，我已經用了天真者的角度來處理事情（外在知覺印象），但到現在為止，我擁有的是完全錯誤的概念。

我以為那個知覺印象（正如我對它的察覺）的存在是客觀的，但現在我觀察到，它和我的心智圖像一起消失了，我觀察到它只是我靈魂內在狀態的一個修改形式。那麼，在我的論據裡，我有任何一點兒資格從它開始嗎？我能夠說它作用在我的靈魂上嗎？

今後我對待那張桌子，必須視它為一個心智圖像（我之前相信它對我產生作用，並且在我的內在製造了一個它自己的心智圖像），但在這裡，在邏輯上隨之而來的是，我的感覺器官和在它們之中的歷程都是純粹主觀的。因此，我沒有資格談到實際的眼睛，只能談到我眼中的心智圖像，神經路徑和大腦歷程也是同樣的道理，在靈魂中的歷程亦是如此（照理說，物體是經由這個歷程，透過混雜的多種感覺作用而建構起來的）。

如果採用第一個立論的週期事實，我會將認知行為的步驟再演練一遍，而後者揭露它自己是心智圖像的一個組織，但這種組織就其本身而言並不能相互作用。因此，我不能說目標的心智圖像會作用於我眼睛的心智圖像，也不能說這個相互作用，造成了我對色彩的心智圖像的結果。實際上，我也沒有必要這麼說，因為我一旦清楚地了解我的感覺器官和它們的活動，我的神經和靈魂歷程只會透過知覺作用而為我所知，我之前概述的思路就變得完全荒謬不合理。沒有相應的感覺器官，就沒有知覺能力；沒有知覺能力，我就不能察覺到感覺器官。

我可以把對桌子的知覺印象轉給看到它的眼睛，或是接觸到它的皮膚上的神經，但發生在這些情況裡的一切，我只能從知覺作用得知。然後我很快注意到，在這個知覺作用期間發生於眼睛的歷程，和我察覺到的色彩之間沒有任何相似之處。於是，我無法經由指出在這個知覺期間發生於眼睛的歷程，來消除我對色彩的知覺印象，也不能在神經或大腦歷程中重新找到色彩，我只能把身體組織裡的新知覺印象添加到第一個知覺印象上，而天真的人認為後者位於他的外在，我只是把知覺印象從這一個轉到另一個上頭罷了。

此外，在這整個論點中有一個漏洞。我可以追蹤身體組織裡的歷程，一路追蹤到我的大腦，即使我的設想隨著接近大腦的中樞歷程，而變得越來越具假設性。於是，外在觀察的路徑將隨著大腦中的歷程而停止，尤其是假如我能夠用物理及化學工具和處理方法就能觀察到的歷程。

內在觀察的路徑是從感官的感覺作用開始，然後一直到利用感覺原料來創造東西，但從大腦歷程到感覺作用的轉換點上，觀察的路徑在這裡被打斷了。

這裡所描述的思維方法稱為**批判唯心論**（critical idealism，相對於被稱為**樸素實在論**〔naïve realism〕的樸素意識〔naïve consciousness〕觀點）[17]，它錯誤地以心智圖像的特性來描繪一個知覺印象，卻用它所駁斥的樸素實在論的方法來看另一個知覺印象。它想證明知覺印象具有心智圖像的特質，卻只是天真地接受了與自己身體有關的知覺印象，然後把這些知覺印象當作客觀有效的事實。最關鍵的是，它未能了解到自己把兩種觀察層面弄混了，而這兩種層面之間是沒有關係的。

批判唯心論能夠駁斥樸素實在論的地方，只有「一個人的身體具有客觀的存在」的假定。一旦唯心論者了解到，與他自己身體有關的知覺印象，就是樸素實在論所假定具有客觀存在的同一種本質，他就不能把這些知覺印象當作一個安全的基礎，然後應用在他的理論上。

由此，他必須連他自己的主體組織都視為只是一些心智圖像的複合物，但這就等於去除了將被察覺到的世界內涵視為心靈組織產物的可能性。

一個人必須假定「色彩」的心智圖像只是「眼睛」的心智圖像的修正形式。所謂的批判唯心論，在沒有借用樸素實在論的情況下，是無法得到證明的，而樸素實在論只有在它自己的假定未經證實有效而被接受的情況下（假如在其他事情方面），才能被駁斥。

那麼，這就非常肯定了：**在知覺印象世界中的調查研究不能支持批判唯心論，也因此，不能剝奪知覺印象的客觀特性。**

17 樸素實在論也被稱為直接的現實主義、常識的現實主義或感性的現實主義。它不是從理論上自覺地去認識和說明客觀世界，而是根據自我經驗，直觀並自發的相信，客觀世界是不依賴於人的意識而獨立存在的實在。樸素意識是指認為自己優於事實，並控制著事實，因此可以按照自己的喜好，而不去理解事實。

更別提將「被察覺到的世界就是我的心智圖像」這個原則，主張得既顯明又不需要證明。叔本華用以下的文字來為他的大作揭開序幕[18]：

> 這個世界就是我的心智圖像——這個事實適用於每一個活著且有認知力的東西，儘管光靠人類就能夠將它帶到會思考和抽象的意識裡。如果真的有人這麼做，他就達成了哲學上的謹慎思慮，於是他便能夠確定，他不知太陽和陸地，他知道的只是看到太陽的眼睛，和感覺到陸地的手；他確定他周圍的世界只是心智圖像，也就是說，只和別的東西、那個想像它的人有關聯，也就是他自己。如果有任何事實可以被主張為一個先驗的東西，那麼就是它了，因為它是所有可能的和可思考的經驗之表現形式，比所有其他的時間、空間或因果關係都更普遍，對於所有的這些先決條件來說，它……

這個整理論已被前述的論點——眼睛和手是知覺印象的事實，不亞於太陽和陸地——破壞了。借用叔本華他自己的觀點，我們可以回答：**我看到太陽的眼睛，我感覺到陸地的手，就和太陽及陸地一樣，是我的心智圖像**。這個理論就這樣把自己整個一筆勾銷，而這是明確不爭的事實，因為只有我實際的眼睛和實際的手可以擁有「太陽」和「陸地」修改後的心智圖像，而「眼睛」和「手」的心智圖像不能擁有它們。批判唯心論唯一能夠談到的，只有這些心智圖像。

關於知覺印象和心智圖像之間的關係，批判唯心論完全沒有資格去提出見解，它不能著手在「知覺印象在知覺作用的歷程中所發生的事」和「知覺印象在知覺作用發生前原本是什麼」之間做如同前述的區分。因此，我們必須以別的方法來處理這個問題。

18 參見亞瑟·叔本華（Arthur Schopenhauer）的《作為意志和表象的世界》。

第五章／認識世界的行為

隨著前面的考量而來的是，我們不可能藉著調查觀察內容，去證明我們的知覺印象就是心智圖像。這種證明的成立應該是指，假如知覺歷程發生的方式——基於樸素實在論對我們的心理和生理構造的假定——是我們想像的那樣，那麼我們就只跟物件的心智圖像有關係，而與物件本身沒關係。

現在，假如一貫慎思熟慮的樸素實在論導出與先決條件直接產生矛盾的結果，那麼這些先決條件必定被視為不適於普遍性哲學的基礎而被拋棄。無論如何，否定先決條件但接受其結果——就像批判唯心論者所做的，把主張的依據放在「這個世界是我的心智圖像」這個爭議點上——這種事是不被允許的（愛德華．馮．哈特曼在他的作品《認識論的基本問題》中，對於這種爭議有完整的說明）。

批判唯心論的事實是一回事，它的證明能力又是另一回事（它的事實是怎麼建立的，稍後會在本書中描述，但它的證明力確實不存在）。**如果有人要建造一間房子，正當在建二樓的時候，一樓倒塌了，那麼二樓也會倒塌**，樸素實在論和批判唯心論之間的關係，就像這個例子裡的一樓和二樓。

對於相信整個被察覺的世界只是一個想像的世界、一個心智圖像的人而言（而實際上事物對於靈魂的影響，卻一無所知），在知的方面，真正的問題自然不是只呈現在靈魂裡的心智圖像，而是獨立於我們之外、且存在於意識之外的東西。他會問：對於這些物體，既然我們不能夠直接觀察它們，那麼我們能間接知道多少？

從這個觀點來看，他並不關心意識中知覺印象彼此間的內在聯繫，他所關心的是，那個超越他的意識且獨立於他之外而存在的起因，因為這些知覺印象在他看來，在他將感覺從目標上移開時便消失了。

根據這個觀點，**我們意識的運作就像鏡子一樣，當它的鏡面不再朝向那些明確物體的那一刻，它們的影像就消失了。**

現在，假如我們看到的不是物體本身，而只是它們的影像，那麼我們必定是從影像的行為裡導出結論，而間接得知物體的特質。現代科學所採取的正是這種態度，因為物質歷程是隱藏在知覺印象背後的真實存在，而科學只是將知覺印象當作獲得物質歷程資訊的最後憑藉。假如有位哲學家，他是一位批判唯心論者，承認的確有真正的實體，那麼他透過心智圖像的媒介對知的追尋，會完全被引導到這種實體上，也就是把興趣略過心智圖像的主觀世界，而直接放在製造這些圖像的東西上。

然而，批判唯心論者可能會更一步地說：「我被侷限在我的心智圖像世界裡，然後從中逃離出來。假如我所思考的是隱藏在心智圖像背後的東西，那麼思想充其量就只是心智圖像。」這種類型的唯心論者若不是完全否認物件自身，就是不顧一切的主張它對人類來說沒有意義。換言之，既然我們無法知道它的任何事情，它就像不存在一樣。

就這種批判唯心論者而言，整個世界就像一個夢境，不管怎樣，所有對知的努力都是無意義的。對他來說，只可能有兩種人：以為「自己的夢境結構是真實事物」這種假象的受害者，和「看透夢裡世界的虛無，因此必定漸漸失去追求它們的所有欲望」的聰明人。

由此來看，連個人的性格都可能只是夢中幻象。就像睡眠時自己的影像會出現在夢境的各種影像間一樣，所以在清醒意識中「我」的心智圖像，也會被加到外在世界的心智圖像上。因此，在我們意識裡的「我」並非是真實的「我」，而只是「我」的心智圖像。

◆ ◆ ◆

否定東西存在的人，或至少否定我們能夠知道它們任何事的人，必定也否定他自己人格的存在，或至少否定對於人格的知曉。於是批判唯心論者做出這樣的結論：「所有的現實都把它自己變成一個美好的夢境，沒有人們所夢想的生活，沒有擁有那個夢境的心靈，而是變成一個在它自己的夢境裡結合起來的夢。」[19]

對於相信自己能夠看出生活是一場夢境的人來說，他是否在這個夢境背後不再設定基本條件，或者是否將他的心智圖像與真實事物聯繫起來，都已無關緊要。在這兩種情況下，他必定已對生活失去所有的學術興趣。但反過來說，對於相信整個宇宙都耗在夢裡的人而言，所有的學習必定是無意義的；還有，對於覺得有資格把心智圖像辯解為東西的人而言，學習存在於這些「物件自身」的調查研究中。

這第一個理論可以稱為**絕對幻覺論**（absolute illusionism），第二個由其最嚴格的邏輯闡述者愛德華．馮．哈特曼，稱之為**先驗實在論**（transcendental realism）。[20]

這兩種觀點都與樸素實在論有這樣的共同點：他們透過對知覺印象的調查研究，努力取得在世界上的立足點。然而在這個層面上，他們找不到一個可靠的基礎。

對於先驗實在論的擁護者來說，最重要的問題之一是：自我意識要怎麼從自己創造出心智圖像的世界來？我們既有的心智圖像世界，在我們一關上對外在世界的感覺時就消失了，但它也許會點燃對知識的誠摯渴望，只要它是間接研究「我自身」（I-in-itself）的世界的工具。

假如我們經驗中的事物是「心智圖像」，那麼我們的日常生活就會像是一場夢，而對事物真實狀態的發現，就會像自夢境中甦醒一般。

現在，夢裡的影像會引起我們的興趣，只要直到最後都不看穿它們夢幻的性質，我們就會繼續做夢。然而，一旦我們甦醒後，便不會再尋找夢中影像彼此之間的內在聯繫，而是去尋找構成它們的基礎物理、生理和心理歷程。

相同的，一個堅持世界是心智圖像的哲學家，不可能會對圖像中瑣碎事物間的相互關係感到興趣，如果他真的考慮到有一個真實的自我意識存在，那麼他的問題也不會是他的心智圖像如何與彼此產生連結，而是當某一連串的心智圖像經過他的意識時，在個別存在的靈魂裡所發生的事。

假如我夢到我正在喝酒，而喝酒使我的喉嚨乾燥，我在咳嗽中醒來[21]，然後我停止了做夢，在我清醒的那一刻，會因夢境本身的原故而對它的歷程感興趣。

19 參見約翰．戈特利布．費希特（Johann Gottlieb Fichte）的《人的天職》。

20 從這個理論的角度，知識是先驗的，這是指知識本身相信自己知道，不能對物件自身直接主張任何事情，而要從已知的主體對超越主體之外的未知事物（先驗的）做間接的推論。根據這個觀點，這個物件自身即超脫於直接可知的世界之外；換言之，它是超驗的。然而，我們的世界可以超越地與超驗產生聯繫。哈特曼的理論叫做實在論，因為它是從主體（觀念）開始，進行到超驗（現實）。

21 參見威廉．魏甘特（Wilhelm Weygandt）的《夢的起源》，一八九三年。

由於這個刺激物在夢境裡被象徵性地表現出來、並引起我咳嗽，於是我的注意力現在只關注於生理和心理歷程。

相同的，一旦那個哲學家堅決地相信眼前的世界是由心智圖像所組成，他所關注的目標一定會立刻從這個世界轉換到隱藏在背後的真實靈魂。然而，全然否定在心智圖像的背後有個自我存在的幻覺論擁護者，或至少堅持這個自我是不可知的人，對於這些人來說，這個問題會更為嚴肅。

我們也許很容易被下列的觀察引導到這個觀點上：相較於做夢的清醒狀態，我們在清醒狀態裡將有機會看透我們的夢境，並且把它們和事物的真實關係連繫起來，但沒有任何自我狀態與我們清醒的意識生活有著類似的關係。

採取這種觀點的人無法了解，**事實上，有某種東西和單純知覺之間的關係，就跟我們的清醒經驗和夢境之間的關係一樣，那個東西就是思維**。

我們無法譴責樸素實在論者缺乏這裡所指的洞見，他接受了生活的現狀，並且認為事物是真實的，就像它們在他的經驗中所呈現的樣子。然而，我們超越這個觀點所採取的第一步，只能問，思維是怎麼與知覺印象產生關聯的？

在我形成心智圖像之前和之後，有或沒有知覺印象（我所得到的形式）繼續存在根本不重要，如果我想主張關於知覺印象的任何事，我只需借助於思維就能夠做到。假設我主張這個世界是我的心智圖像，我又宣布了一項思維行為的結果，但如果這個思維不適用於這個世界，那麼這個結果就是錯誤的。因為在一個知覺印象和每一種對它的主張之間，都有思維的介入。

我們通常會忽略了當我們考量事物時的思維，其原因已在前面說明過（見第三章）。它的問題在於，我們的注意力只集中在所思考的目標上，而不能同時將注意力放在思維本身。因此，樸素意識（認為自己優於事實，並控制著事實，因此可以按照自己的喜好行事，而不去理解事實）會把思維視為與目標無關的某種東西，與目標是全然分開的，並且仔細思量著目標。

思維者為世界現象所建造的圖像，被認為並非是屬於目標，而是只存在於人類大腦裡的某種東西，這個世界完全存在於這個圖像之外，且就它自身而言，它用所有的物質和力量來完成自己，然後人類只是建造了這個現成世界的圖像罷了。

但凡會思考的人，只需要被問及一個問題：你有什麼資格去宣稱這個世界的完成不需要思維？

世界在人的頭腦中製造思維，是出於它在一株植物上製造花朵的同樣必然性嗎？在泥土裡種下一顆種子，它會長出根和莖，它會展開葉子和綻放花朵，若把那株植物放到你面前，它便會在你的心智裡靠著一個明確的概念，和它自己產生聯繫。

為什麼這個概念不太適合屬於整株植物，而更適合屬於葉子和花朵？你說葉子和花朵的存在與察覺到的主體沒什麼關係，概念只出現於當一個人遭遇到那株植物的時候。誠然如此，但只有在可以播種的土壤，以及可以讓葉子和花朵展開的光線和空氣時，葉子和花朵才會出現在植物上。所以，當思維意識在處理那株植物的時候，一株植物的概念就這麼產生了。

透過純粹的知覺作用對一個目標所經歷的一切都視為一個整體，一個完整的東西，未免過於武斷；而透過仔細思考被揭露的，則會被視為不過是一個與東西本身沒有關係的添加物。如果我今天得到一個玫瑰花苞，它提供給我的知覺能力的圖像，就只在那一刻完成。例如，如果我把花苞放到水裡，明天我就會得到一個截然不同的圖像，如果我不受干擾地觀賞水中的花苞，透過無數個中間階段，我會看到狀態從今天到明天的持續變化。而這些在任何一刻將它自己呈現給我的圖像，只是目標在連續發展歷程中的一個瞬間樣貌。假如我不把花苞放到水裡，那麼花苞一連串的可能狀態便不會發生。相同的，我也許會在明天受到阻擾，而無法觀察進一步的開花，因此得到的是它的未完成圖像。

宣告一件事物的瞬間純粹外觀「它就是這樣」，是一種相當不客觀的偶發意見。就像把知覺印象特徵的總和視為那個東西一樣，這是不正當的。很有可能，一個心靈在同時間接收到了概念，把它當作知覺印象，而與知覺印象合而為一。對於那個心靈來說，絕不會發生的事，就是認為那個概念不屬於那個東西，它必定會把與東西不可分割的存在，歸因於那個概念。

我會用一個例子把我的觀點闡明得更清楚。**假如我水平地在空中丟出一顆石頭，我察覺到它的位置一直在變動，然後我把那些位置連起來形成一條線。**

數學教導我認識各種不同的線，其中一種是拋物線。我知道，拋物線是當一個點根據特定法則運行時所產生的一條線。假如我檢視被我丟出的石頭運行的狀況，我將發現它的穿越路徑與我知道的拋物線一模一樣。

石頭以拋物線方式運行，是那些已知情況的結果，所以必然發生在它們之後。拋物線的形狀是整個現象造成的（就算它是任何其他形狀也是一樣）。上述無需思維繞道而行的心靈，會發現它自己不僅看到了（作為這些現象的一部分和組成的）一連串的不同點上的視覺知覺印象，也看到了我們僅憑藉思維，而加入到現象裡拋物線形狀的路徑。

我們既有的目標剛開始沒有相應的概念，並非由於目標本身的關係，而是由於我們的心智組織。**我們整體的運作方式，使得來自於每一個真實事物的相關元素，都從兩個方面來呈現給我們：知覺和思維。**

「我對事物的理解顯得有條理」這件事，跟東西本身的性質是沒有關係的。知覺和思維之間的隔閡，只存在於作為目擊者的我與東西遭遇的那一刻起，至於哪些元素屬於和不屬於那些事物，一點兒也不取決於我知道這些元素的方式。

◆ ◆ ◆

人類是一種有限度的生物。首先，除了人類以外還有其他生物，而且人類的存在屬於空間和時間。因此，在任何時候他所擁有的，只是整個宇宙有限的一部分。然而，這個有限部分是在時間和空間所有方位上與其他部分聯繫起來的。

假如我們的存在與事物聯繫得如此密切，以致於世界上每一件發生之事在同時間也是我們的事件，那麼我們和事物之間的距離便不存在。所有的事件會一個接著一個發生，宇宙會成為一個統一體。

一個整體，在本質上是完整的，事件流不會有任何地方被打斷。而且，正是由於我們的有限性，東西在我們看來才會是單一和個別的，但事實上，它根本不是個別的東西。**舉例來說，你在哪兒都看不到「紅色」會單獨出現，它四處都圍繞著它所屬東西的其他性質，沒有那個東西，它便不存在了。**

然而，對於我們來說，有必要把這個世界的特定部分孤立出來，然後去思考它們本身。我們的眼睛只能夠從各種顏色中一一領會個別的色彩，而我們的理解力，也只能夠從相關的概念系統中領會個別的概念。

這樣的分離是一種主觀行為，原因是，**我們與世界歷程並非一模一樣，而是眾多存在體之中的單一存在體**。

現在最重要的事，是要判定我們是怎麼與其他實體產生關聯的。這種判定必須與「單純變成我們的意識」區分開來，對於後者的這種自我覺察而言，我們仰賴知覺能力就像我們仰賴對其他任何事物的覺察力一樣。我自己的知覺能力為我揭示了許多特質，我把它們結合到我的性格裡成為一個整體，就像我將黃色、金屬、硬度等等結合在一起，便得到「黃金」這個整體一樣。

我的知覺作用讓我知道的，有什麼是屬於我。而對我自己的這種察覺，一定要和憑藉思維對自己的判定區分開來，正如我藉著思維而使任何一個外在知覺印象符合於整個世界脈絡一樣，我也可以藉著思維，將我對自己所做成的知覺印象與世界歷程合成一體。

我的自我知覺能力將我限制在某種限度裡，但是我的思維並不關心這些限度，就這個意義來說，我是一個兩面的生命體。我被封閉在被我察覺為性格的層面裡，但我也是一個來自於較高層面活動的承擔者，而這個活動界定了我有限度的存在。

我們的思維並不像我們的感覺和感情那樣具有個體性，它是普遍性的，它在每個個別的人身上接收到個別的印記，只因為它要和他的個人感覺和感情產生聯繫。藉著這些普遍性思維的個別特色，每個人彼此之間才會產生差異。

「三角形」只有一個概念，這個概念的內涵是否在A或B的意識裡得到理解，一點兒都不重要。不過，它會被這兩個人以其個人的方式理解。

這個想法受到一個很難克服的普遍偏見所反對，而這個偏見阻擾了一個人去了解「我頭腦所領會的三角形概念，與我鄰居的頭腦所領會的三角形概念是一樣的」。樸素實在論者相信自己是概念的創造者，所以他相信，每個人都有他自己的概念。

克服這種偏見，是哲學思維的基本要求。「三角形」這個一致性的概念，並不會因為被許多人想到而變成複數，因為許多人的思維本身就是一個統一體。

在思維裡，我們既有的元素能將我們個別的個體性與宇宙融合成一個整體。**就我們的感覺和感情（還有知覺）而言，我們是個別的存在體；就我們的思考而言，我們是遍及萬物的「全一」存在體**。

我們一體兩面的本質具有更深層的意義：我們看到一個本身完整而純粹的力量變成我們身上的本質，這個力量是普遍性的，但我們認識到的是，它並非源自於世界的中心，而是在邊緣上的一個點。要是我們從它的一開始就知道它，我們便會在有意識的那一刻起了解宇宙的整個謎團。但是，由於我們所站的地方是在邊緣的一個點上，而且發現我們的存在受到明確限度的束縛，所以我們必須借助於從整個世界投射在我們身上的思維，然後去探索存在體之外的領域。

我們的思維向外擴展，超越了我們的個別存在，並且將它自己和整個世界的存在聯繫起來，引起我們對知識的基本渴望。沒有思維的人，是不會有這種渴望的，當他們面對其他事情時不會心存疑問，那些事情對這種人來說，就是外在的東西；但具有思維的人，當他們面對外在的事物時就產生了概念，而這正是我們從內在接收到、並非從外在接收到的（事物的）那一部分。**讓內在和外在兩種元素一致與結合，就是知的任務**。

因此，知覺印象不是某種已經完成和獨立性的東西，而是整體現實的一面，它的另一面是概念。**「知」的行為是知覺印象和概念的綜合體，唯有知覺印象與概念結合，才能構成整件事情**。

◆ ◆ ◆

前述的論點指出，除了思維提供給我們的觀念內涵外，在這個世界個別的實體上尋找其他任何的普遍元素，都是沒道理的事。除了靠著對知覺印象深思熟慮而獲得的這個內在融貫、一致的觀念內涵外，企圖在世界上找到其他一致性的所有努力，都是枉然的。

無論是個人所信奉的神祇，或者是力量、物質、盲目的意志（叔本華），對我們來說，都不能作為一個普世一致性的依據。所有的這些東西，都只屬於我們觀察到的有限層面，我們從內在只能察覺到人的有限性格，力量和物質則是位於外在的事物上。就意志而言，它可以被視為只是我們有限性格的活動的表達。叔本華想避免讓「抽象的」思維變成世界上實體的承擔者，並且，反過來說，他想尋找可以在他面前直接呈現為實際的東西。這個哲學家相信，只要我們把這個世界視為「外在的」世界，我們就永遠無法接近它。

事實上，假如調查者本身只不過是純粹的知的主體（掌管知識、沒有形體的有翅天使），就根本不可能探索出這個世界的意義，因為這個我所遭遇的世界，只不過是個心智圖像，或者是從知的主體的純粹心智圖像世界，到除此之外什麼都有可能的一段經過。但是，他本身即源自於那個世界：他發現自己是那個世界裡的一個個體。也就是說，他的知識（支持整個世界是心智圖像的決定性因素）必定是以身體為媒介、透過這個身體來取得，而身體的情感對於有智慧的人來說——如同我們之前提過的——是思考世界的起點。

對於純粹的知的主體來說，這個身體就是跟其他心智圖像一樣的心智圖像，是一堆客體中的客體，它的運行和行動，就他所知，正好跟所有其他被察覺到的客體的變化，有著一模一樣的方式，而且，假如他沒有用一個截然不同的方法弄清楚它們的道理，對他來說，將會是既怪異又不能理解的事情。

這個知的主體看起來和身體是同一個個體，對他而言，這個身體有兩個截然不同的意義：一個是給智力思考的心智圖像，是一堆客體中的客體，並且遵守它們的法則；但另一方面迥然不同的是，它是每個人以「意志」直接知道的東西。他的意志的真實行為是立即的，而且沒有例外，這也是他的身體的運動：他無法用意志促成行為的同時，又察覺到它是身體的一個運動。

意志的行為和身體的行動，並非是客觀上靠因果關係連繫起來的不相同的兩件事；它們並不是因果關係，它們是同一件事，但它們的由來大相逕庭：一個很直接，另一個必須要靠智力去細思量。[22]

叔本華認為，這些論據使他有資格在人類身體上找到意志的「客觀性」。他相信，從身體的活動中他感覺到一個直接的現實——具體的物自身。反駁這些論點的人一定會說，我們身體活動只有透過自我的知覺印象，才能來到我們的意識裡，而且它們絕不可能比其他的知覺印象更高階。如果我們想知道它們的真實本質，我們只要藉著思維調查就能做到，也說是，讓它們進入我們的概念和觀念體系。

人類的樸素意識中最根深柢固的見解是，思維是抽象的、沒有任何具體內涵；它能給我們的頂多是一個全世界一致的「觀念性」對應物，但絕對不是一致性本身。用這種方法做判斷的人，自己從沒弄清楚缺乏概念的知覺印象到底是什麼。

讓我們看看這種知覺印象的世界會是什麼樣子：

空間裡強烈反差物並列，在時間上一個接著一個，像彼此間沒有關聯的一堆雜物——它看起來就像這樣。在察覺的階段裡來來去去的東西，任兩者之間都不會有能夠被察覺到的直接關係，因此世界裡到處都是價值相等的東西，沒有誰可以在世界的整體結構上扮演更重要的角色。

如果我們想要弄清楚哪一個比另一個更重要，我們就必須借助於思維。要是思維不能發揮作用，在一個動物生命中無足輕重的基本器官，就會和它身體上最重要的肢體呈現相同的價值。只有當思維將一個實體和另一個實體連上關係時，它們個別的重要性才會顯現出現來，顯現在它們身上和世人眼前。

這個思維活動是一種充滿內涵的活動，因為唯有透過一個很具體的內涵，我才能知道**為什麼跟獅子比起來，蝸牛在身體組織上屬於低階動物**，若僅憑著表象，也就是知覺印象，我便無法得知關於身體組織程度的內涵。

思維從人的概念和觀念世界裡，把這種內涵提供給了知覺印象。相較於我們從外在得到的知覺印象內涵，**思維的內涵是從內部產生的，當這個東西第一次出現的時候，我們稱之為直覺**。

直覺之於思維，一如觀察之於知覺印象。**直覺和觀察是我們知識的來源，一個被觀察的東西，對我們來說是不可理解的，直到我們自己內在的相應直覺，為知覺印象補充了缺少的那部分的現實**。無法找出相應於事物的直覺的任何人，就無法觸及全部的現實，就像

22 叔本華《作為意志和想像的世界》，第二冊，第十八段。

色盲者只看得到不同的亮度，卻分辨不出顏色，所以沒有直覺的人，只觀察得到與其他事物沒有關係的知覺片段。

解釋一件事情，讓它可以被理解，指的就是把它放回到上述身體組織的獨特性質曾從中將它剝離的背景中。一個與全世界切斷關聯的事物是不存在的，所有的孤立、隔離，對我們的身體組織而言，只具備主觀上的效力。就我們看來，宇宙分為上與下、之前與之後、因與果，事物與心智圖像，物質與力量等等。我們在觀察中所見到的個別部分，透過我們直覺的一致、統一的世界，變得一點一點地結合在一起。而藉著思維，我們再次將碎片組合成我們曾透過知覺作用去拆開檢視的整體。

一個東西有難以理解的性質存在於它的孤立之中，但這種孤立是我們自己創造的，而且在概念的世界裡，是可以再次被克服的。

◆　◆　◆

除了透過思維和知覺，沒有什麼是我們可以直接得到的。現在的問題是：根據我們的論述，知覺印象的重要性是什麼？

我們知道，批判唯心論為知覺主觀本質所提供的論證已經瓦解。但是，洞察論證的誤謬並不足以證明學說本身是錯誤的。當批判唯心論隨著它的邏輯結論而自我抵銷時，它的論證並不是以思維的絕對本質為基礎，而是仰賴於樸素實在論的論述。當我們認清思維的絕對性時，物質看起來會是怎樣呢？

讓我們假設有某種知覺印象，例如紅色，出現在我的意識裡。為了繼續觀察，這個知覺印象指出，它是和其他知覺印象有關聯的，例如一個有著溫度和觸感的明確形體。我把這個結合稱為物體，它屬於可以用感官察覺到的世界。現在我可以問自己：關於剛剛所提到的知覺印象，還有什麼存在於它們所出現的空間區域裡？我會在那個空間區域裡找到力學、化學和其他歷程。接下來，我進一步研究從那個物體一直到我的感覺器官的歷程。

我可以從一個彈性的媒介中發現一些運動，這些運動在本質上與我開始時的知覺印象沒有任何共同點，當我繼續檢視從感覺器官到大腦的傳送時，我得到同樣的結果。

我在每個區域裡都蒐集到新的知覺印象，但把所有在空間和時間上分開的那些知覺印象交織在一起的結合媒介是思維，我察覺到傳送聲音的空氣振動，就像聲音本身。

思維單憑它自己將所有這些知覺印象彼此連結起來，然後將它們和它們的相互關係呈現給我們。除了直接被察覺到的，我們不能說有任何東西的存在，除非是能夠透過知覺印象的觀念連繫——也就是，思維可取得的連繫——而被辨識出來的東西。因此，客體的知覺印象和主體的知覺印象產生關聯（這種關係超越了單純被察覺到）的方法，是純粹觀念上的，也就是說，它只能透過概念來表達。只有在我能夠察覺客體知覺對象如何影響主體知覺對象的時候，或者反過來，只有在知覺模式的建立能夠被主體觀察到的時候，才有可能像現代生理學和批判唯心論一樣，依據那個基礎，來說有某個東西的存在。

它們的觀點把一個觀念上的關係（客體對於主體的關係），和只有在可能察覺到時才能談論的歷程弄混了。「沒有辨色力的眼睛，就沒有色彩」，不能被解釋成「眼睛製造色彩」，只是在「色彩」的知覺印象和「眼睛」的知覺印象之間，存在著一種可由思維辨識觀念上的關係。經驗科學必須弄清楚，眼睛的性質和色彩的性質彼此間是怎麼產生關聯的，視覺器官是利用什麼工具傳送色彩等等的知覺印象。

我可以追蹤一個知覺印象是怎麼接在另一個之後及時發生，以及如何在空間中與其他的知覺印象產生關聯，我也可以把這些關係用概念術語公式化，但我絕對無法察覺，一個知覺印象是怎麼從不可察覺的東西裡蹦出來。**除了思想關係以外，尋找知覺印象之間任何關係的所有企圖，必定一無所獲**。

那麼，什麼是知覺印象？用這麼籠統的方式來問這個問題，是愚不可及的。知覺印象必定是某種十分明確的東西，有具體的內涵。這個內涵是既有的，而且是完全包含於既有的東西之中。

關於既有的內涵，一個人唯一能問的問題是，它有別於知覺印象的地方是什麼？也就是說，它對思維有什麼意義？因此，**關於一個知覺印象的「什麼」，指的只能是相應於這個知覺印象概念上的直覺**。從這個觀點來看，知覺印象的主觀性問題，從批判唯心論的角度而言，根本不可能成立。只有被察覺到是屬於主體的某種東西，才能稱為「主觀的」。在某個主觀的東西和客觀的東西之間形成聯繫，就樸素實在論觀點中的任何「真實」（也就是，能夠被察覺到的）歷程而言，是不可能的，唯有對思維來說才有可能。

身為主體的知覺印象，當原本在我眼前的桌子從我觀察的範圍內消失後，對我而言，仍然是可以察覺到的。**對桌子的觀察，在我身上製造了一個能夠存留的修正形式，我保留住那個機能，稍後去製造一個桌子的影像，而這個製造影像的機能繼續維持與我的關係。心理學把這個影像稱為記憶圖像**，事實上它是唯一有資格被稱做「桌子的心智圖像」的東西，因為它透過呈現在我視野中的桌子，符合於我心理狀態上可察覺的修正形式。此外，它不代表某個站在主體知覺印象背後的「自我本身」（Ego-in-itself）修正形式，而就是主體本身的修正形式。因此，相較於當目標呈現於視野時所產生的客觀知覺印象，心智圖像是一種主觀的知覺印象，把主觀知覺印象和客觀知覺印象混淆在一起，便導致了唯心論的誤解——世界是我的心智圖像。

下一個任務，必然是更嚴密地界定「心智圖像」的概念。到目前為止，我們所提到關於它內涵的都不是它的概念，只是指出在可察覺的範圍裡，可以在哪裡找到心智圖像。心智圖像的準確概念，也可以讓我們對心智圖像和目標之間如何產生關聯的方式，得到滿意的解釋。然後，這會引導我們看到人類主體和屬於這個世界的客體之間的關係——從認知的概念範疇被帶到具體的個人生活中。

作者的補充，一九一八

我在此概述的觀點，可以視為當人類開始省思他與世界的關係時，一開始會自然趨向的那個觀點。然後，他會發現自己被困在一個思想系統裡，而這個系統的瓦解，就跟他架構起來一樣容易。這個思想結構所需要的，不只是理論上的反駁，我們必須經歷它，才能了解它所引導我們進入的歧途，然後才能找到出路。

它必須把任何關於人與世界關係的討論計算在內，不是因為要反駁對於這個關係抱持錯誤觀點的其他人，而是因為有必要了解，在省思這樣的關係上，每一個最初的努力所能夠造成的混淆。我們必須做到一種深刻的理解，便是能夠反駁自己一開始的思考。這一章就是從這樣的觀點來提出論述。

任何人若想為自己找出人與世界關係的觀點，到頭來會發現，他是憑著形成關於這世界事物的心智圖像而創造了這個關係，至少有一部分是如此。結果，他的注意力從世界上的外在事物偏離了，並且被導向內在世界——他的心智圖像生活。他開始對自己說：「我不可能和任何其他事物有關係，除非我內心出現了心智圖像。」

一旦我們注意到這個事實，只要一個步驟就能達成這樣的見解：**畢竟，我所體驗的只是我的心智圖像，我知道我的外在有一個世界，只不過它是我心裡的心智圖像**。

基於這個見解，之前人類對他和世界關係的省思所抱持的樸素實在論觀點是沒用的。只要他堅持那個觀點，他就會相信他在處理真正的事物，但他對自己的省思，卻將他從所相信的事情中拉開。省思阻止他把注意力轉向一個樸素意識所相信的真實世界，它讓他只把注意力放在他的心智圖像上，而這些心智圖像介入到他本身的存在，和一個據稱是真實世界之間——樸素實在論的觀點相信自己有資格斷言它是一個真實的世界。人類不再能夠透過心智圖像的中間世界，來看這麼一個真實的世界，他必定以為自己對這個現實是視而不見的，所以就產生了知識達不到的「物自身」的想法。

只要我們只考量與世界的關係——人類顯然要透過心智圖像的生活才能夠進入這個世界——我們就無法逃脫這種形式的想法。一個人不能一直停留在樸素實在論的觀點，除非他關閉自己心智對知識的渴望，但這種對於人與世界關係的知識的渴望，證明了樸素實在論的觀點必定遭到拋棄。假如這種觀點能夠給予我們任何可以承認為真相的知識，我們就絕對不可能經歷這種渴望。

但是，只要我們放棄樸素實在論的觀點，並且在同時間無意識地維持它所需類型的想法，我們確實可以得到能夠視為真相的事情。一個人這樣問自己是錯誤的：「我體驗到的只有我的心智圖像，雖然我相信正在處理現實的事情，但實際上我只是意識到現實的心智圖像，所以我必定認為真正的現實，也就是『物自身』，只存在於我的意識之外，我也一定認為，我絕對不是直接的知道它們，而是它們用某種方法接近我、影響我，所以我心裡才會產生心智圖像的世界。」凡是抱持這種看法的人，只是在已經攤開在眼前的世界的想法上，再增加了另一個世界。但是，對於這個附加的世界，他應該會全面重新開始思維活動，因為未知的「物自身」，在它和人類本質的關係上，被構思的方式，和樸素實在論觀點中的已知之事一模一樣。

假如有人注意到，無論是在內心或外在世界，在每件事情裡頭，我們都可以憑藉知覺能力來體會「有一種東西不可能讓它的心智圖像介入到歷程和觀察它的人之間」，他才能避免受到混淆，而落入基於這個樸素觀點的批判性態度。這個東西就是——思維。

對於思維，我們可以主張樸素實在論的觀點。假如我們沒能這麼做，只是因為我們已經從其他事情的情況中，得知我們必須放棄它，但忽略了已經發現這些其他的事情並不適用於思維的事實。當我們了解到這一點，我們就開啟了進一步的洞見：**在思維裡和透過思維，人類必定能夠辨識出，他用自己的心智圖像生活介入在世界和自己之間、且顯然使自己盲目的那個東西**。

有一個反駁來自一個備受本書作者尊崇的資料來源，它指出，這個對思維的討論仍然是樸素實在論的層級，正如，假如有人把真實世界和心智圖像的世界當作同一個世界，可能會遭到反駁一樣。然而，作者相信自己在討論中已經證明，這個思維上的「樸素實在論」的正當性，必然起因於一種對思維的無偏見觀察；而樸素實在論對其他事物的無效性，已經透過認識思維的真實本質，被克服了。

第六章／人類的個體性

在說明心智圖像的時候，哲學家發現，主要的困難在於我們本身並非是外在的事物，而且心智圖像必定有一個相應於那些事物的形式。但是，詳細審視之後可以發現，這種困難根本就不存在。

我們當然不是外在的事物，而且我們和外在事物都屬於同一個世界。那個我察覺到自己是主體的世界區域，被連續不斷的普遍宇宙歷程滲透了。

就我的知覺而言，我最初受限於皮膚的束縛，但被包含在皮膚裡的這一切，卻是屬於宇宙這個整體。因此，我的身體組織和對我而言的外在客體，就這兩者之間的關係而言，客體的什麼東西進入我的腦袋，或者在我心裡留下一個印象（就像蓋在蠟上的章戳一樣），絕對不是必然的。

「那棵距離我十呎的樹，我要怎麼得到它的資訊？」這個問題是全然的誤導，它的觀點來自於：我身體的邊界是絕對界線，而事物的資訊滲透過這個界線，到達我這裡。

在我身體裡發揮作用的力量，與那些外在的力量是一樣的，所以我真的就是世界上的事物，並非是我察覺到自己是主體的「我」，而是普遍世界歷程的一部分的「我」。樹的知覺印象和「我」一樣，屬於同一個整體，這個普遍的世界歷程同時製造了那棵樹的知覺印象，和「我」的知覺印象。

要是我並非世界的理解者，而是世界的創造者，客體和主體（知覺印象和我）就會產生於一個行為，因為這兩者相互牽涉，但就這兩個屬於彼此的實體而言，我身為世界的理解者，只可以透過思維（藉著概念將兩者的關係連繫起來）來找出這兩者的共同元素。

◆　◆　◆

我們知覺印象的主觀性生理證明，是最難以取得的東西。當我在皮膚上施壓時，我可以察覺到壓力。然而，同樣的壓力，可以以光線的形式被眼睛感覺到，或以聲音的形式被耳朵感覺到。

電擊被眼睛感覺為光線，被耳朵感覺為嘈雜的聲音，被皮膚上的神經感覺為衝擊力，被鼻子感覺為磷酸的氣味，這些事情所產生的結果是什麼？只會是：我察覺到一道電擊（或者是一個壓力），然後產生光、或聲音、或也許某種氣味等等的印象。要是沒有眼睛的存在，那麼當我的環境中發生某物的運動時，就不會伴隨光的知覺；要是沒有耳朵的存在，就不會有聲音的知覺……但是，我們有什麼資格去說，要是沒有感覺器官，這整個歷程就根本不存在？

「電的歷程造成眼睛裡的光」，從這個事實推斷說「我們所感覺為光的東西，只是身體外的東西在運動的機械歷程」的人，忘了他們只是從一個知覺印象推移到另一個知覺印象，根本不是推移到知覺印象之外的東西。我們可以說，眼睛把它在環境裡的運動機械歷程感覺為光，所以我們同樣可以說，**在一個目標上的規律性和系統性的變化，被我們察覺為運動的歷程**。

假如我在一個圓盤的周邊畫上馬的十二張圖像，圓盤旋轉的時候，就會產生馬的身體呈現連續飛馳的姿態，那麼我就能藉著旋轉的圓盤製造移動的錯覺。所以，我只需要以適當的間隔看著馬的連續姿勢，那麼我看到的，就不是一匹馬的十二張個別圖像，而是一匹馬在奔馳的圖像。

上述的生理現象並不能因此就揭露知覺印象與心智圖像的關係，我們必須用一種不同的方式去處理。

當一個知覺印象出現在我觀察的範圍內時，我的思維也變得活躍起來。我思想系統中的元素，一種明確的直覺，一個概念，將自己和知覺印象聯繫起來。那麼，當知覺印象在我視野中消失的時候，還剩下什麼？答案是我的**直覺**，還有從察覺的那一刻起，它所獲得的**與特定知覺印象的關係**。

我後來能夠憶起這個關係的鮮明程度，取決於我的心智組織和身體組織運作的方式。**心智圖像就是一種與特定知覺印象有關的直覺，它是曾經與某個知覺印象有連繫的概念，而且保留著與這個知覺印象的關係**。我對獅子的概念形成，並非出自於我對獅子的知覺印象，不過，我的獅子心智圖像則是根據一個知覺印象而明確形成的。我可以把獅子的概念傳達給從未看過獅子的人，但沒有對方自己的知覺能力協助，我便無法把鮮明的心智圖像傳達給他。

所以，**心智圖像是一種個體化的概念**。現在我們可以看到，心智圖像是怎麼把真實的目標呈現給我們。在將概念和知覺印象結合在一起觀察的那一刻，我們就得到一個東西的全部現實。透過知覺印象，概念獲得個體化的形式——一個與這種特定知覺印象的關係。在這個帶有知覺印象特色的個體化形式裡，概念繼續存在於我們身上，並且建構了相關事物的心智圖像。如果我們遇到的第二個東西和這個概念產生了連繫，我們會把第二個視為跟第一個是同類型的東西；如果我們第二次遇到的是同一個東西，那麼我們在概念系統中發現的，就不只是相應的概念，還有它所帶著關於那個東西特色的個體化概念，所以我們能夠再次認出那個目標。

因此，**心智圖像就是介於知覺印象和概念之間、指出知覺印象的特別化概念**。

能夠讓我形成心智圖像的這些事情總和，或許可以稱為我的「**整體經驗**」。**擁有大量個別化概念的人，他的經驗會比較豐富；而一個缺乏所有直覺力量的人，就沒有獲得經驗的能力**。亦即當目標在他的視野中消失時，他便失去了目標，因為他缺乏可以和目標產生關係的概念。

一個思維機能發展良好，但由於遲鈍的感覺器官，而使知覺功能運作不佳的人，便不太可能累積經驗，雖然他可以靠某些工具獲得概念，但他的直覺缺乏對明確事物的鮮明線索。另外，沒有思考能力的過客和活在抽象概念系統裡的學者，也同樣沒有能力獲得豐富的經驗。

現實以知覺印象和概念的形式呈現給我們，而這個現實的主觀表象，則以心智圖像呈現給我們。如果我們的性格只能表現於認知中，那麼全部的客觀性就會存在於知覺印象、概念和心智圖像中。

◆ ◆ ◆

然而，我們不會只滿足於藉著思維將知覺印象和概念聯繫起來，我們還要將它們和我們獨特的主觀性，也就是個體性的「自我」連結在一起。這種個體關係的表達就是情感，表現出一個人的開心或不開心。

思維和情感相當於我們的重雙天性，這一點已經提過了。思維是一種我們透過它來參與普遍宇宙歷程的元素；另外，我們憑藉情感，讓自己回歸到所存在的狹隘範圍裡。

我們的思維將我們和世界聯繫起來，而情感則引導我們回歸自我，我們因此具有個體性。要是我們只是思維和感覺的動物，那麼我們的整體生活會流於千篇一律；要是我們只把自己視為自我，我們應該會對自己全然漠不關心。正因為我們用自我認識來體驗自我情感，用對目標的感覺來體驗快樂和痛苦，所以我們才是具有個體性的生命，我們的存在不限於和世界之間的概念關係，而是除此之外還具有自己的獨特價值觀。

也許有人想要一探情感生活中的元素，而比起透過思維被現實滲透的世界省思，這種元素被現實滲透得更飽和。但是，對於這個問題的答覆是，歸根究柢，情感生活只對自己有這種深度的意義。**就整體宇宙而言，情感是自己的一個知覺印象，只有在情感開始與一個概念產生聯繫，並以這種迂迴的方式將它自己與宇宙連結起來的時候，我的情感生活才有價值**。

我們的生活一直在「與普世歷程共存」和「做自我」之間連續擺動著，如果我們在思維的普遍本質中探索得越深（到最後，「什麼是個體」只是被當成概念的例子來吸引我們），我們的個人特質和鮮明的性格特質就喪失得越多，而如果我們在自己的生活中探索得越深，並允許自己的情感對外在世界的經驗產生回響，我們就會和外界隔絕得越多。

一個真正的個體，能用他的情感盡可能延伸到觀念領域的最遠之處。有些人，即使最普通的觀念進入腦袋後，仍然會帶著獨特的個人色彩，明白地顯示出與觀念原創作者的關係。然而，有些人的概念呈現給我們時，卻沒有一絲一毫的個人特色，彷彿它們不是由一個有血有肉的人創造出來的。

心智圖像被創造之後，我們的概念生活立即會得到一個個人印記。**我們每個人都有自己的特殊位置，並且從這個位置上去觀察世界**。一個人的概念是和他的知覺印象連結在一起的，他以自己的獨特方式去思考普遍的概念，而這個獨特的決斷力，源自於我們每個人在世界上的位置，源自於我們生活環境中特有的知覺印象。

有別於這種決斷力的，是取決於我們獨特組織的另一個決斷力。我們的組織確實是一種獨特、全然堅決的實體，當我們每個人將自己獨特的情感——這些情感的強度範圍很廣——與知覺印象結合在一起，這就是每個人性格中的個體元素，而這種個體元素，是當我們盡可能考慮到環境中所有的決定因素時，所無法想到的。

完全沒有思維的情感生活，會漸漸失去與世界的所有聯繫，但人應該是一個完整的個體，而且對他來說，事物的知識與情感生活的發展和教育，是密不可分的。

情感，是概念獲得具體生命首先憑藉的工具。

第七章／知識有界限嗎？

我們已經確定，用來解釋現實的元素存在於兩個層面：**知覺**和**思維**。如同我們在前面看到的，那是因為我們的組織，那個全部、完整的現實（包括我們身為主體的自我），一開始就是以二元性登場。

「知」的行為將這兩個現實的元素（知覺印象和憑藉思維而獲得的概念）融合成一個完整的東西，克服了這種二元性。讓我們根據世界將它自己呈現給我們的方法——在我們透過對它的認識而獲得它的真實本質之前——把它稱為「表象世界」（相對於由知覺印象和概念所組成的統一體）。然後我們可以說：世界以二元性呈現在我們面前，而知識把它轉變成一個統一體。

從這個基本原理出發的哲學理論，可以稱為「一元論」，與之相對的是二元世界理論，或稱為「二元論」。後者並非假定一個現實有兩面，並且被我們的組織分開，而是有兩個完全有別於彼此的世界。然後，這個理論企圖在這兩個世界的其中之一裡，找出可以解釋另一個的原理。

對於我們所稱的知識而言，二元論的概念是錯誤的，它將存在的整體分成兩個層面，各有其法則，然後讓這兩個世界分庭抗禮。知覺目標和物自身之間的差異，正是從這樣的二元論中產生，而這個被康德引進哲學裡的二元論，我們至今仍未成功地根絕它。

根據論述，我們能以知覺印象的形式得到某個特定的東西，是基於心智組織的本質。然後，思維藉著將每一個知覺印象分派到它在世界上的正確位置，來克服這個特殊性。

既然我們把世界各別的部分設定為知覺印象，我們就是在這種分解的方式上，遵循著主觀性的法則。然而，假如我們把所有知覺印象的總和視為一個部分，然後拿它跟第二個部分（也就是「物自身」）做對照，那麼我們就是在不著邊際的空談哲理，只是在賣弄概念。我們建構出一對人為的對立物，但我們卻得不到第二個對立物的內涵，因為對於一個特定物來說，這樣的內涵只能從知覺作用中取得。

於是被假定在知覺印象和概念領域外的每一種存在物，都必須被歸類為無法解釋的不正當假設，而「物自身」就屬於這個類別。二元論的思想家因此無法找到他所假設的世界原理，以及由經驗獲得的事情之間的關聯，便是相當自然的事情。

假設的世界原理內涵，只能靠著向經驗世界借用、並無視於這個借用的事實來達成，否則它只是一個空殼概念，一個徒具形式而無實質的概念。對此，二元論思想家通常會斷然主張，這種概念的內涵是我們的知識所無法達到的，只知道有一個這樣的內涵存在，卻不知道存在的內涵是什麼。

在這樣的情況下根本不可能克服二元論，即使有人想從經驗世界裡將一些抽象的元素引入物自身的概念，仍然無法從這麼一點點、本身就取自於知覺的特性中，獲得有豐富經驗的具體生活。

杜布瓦-雷蒙（DuBois-Reymond）認為，察覺不到的物質原子，利用它們的位置和運行製造了感覺和情感，然後推論說，我們絕對無法為物質和運行如何製造感覺和情感找到滿意的解釋，因為「碳、氫、氮等許多原子並非無關緊要，它們過去、現在與未來的狀態及如何移動，是絕對且永遠不可理解的。我們不可能看到意識是怎麼藉由它們的互動而產生。」這是這整個思潮的典型結論。

位置和移動取自豐富的知覺印象世界，然後它們被轉換到原子的概念世界。接著，當現實生活的演進無法超越這個從知覺印象世界借來的自設原理時，就產生了錯愕。

二元論者用的是一個東西「自身」的完全空虛概念，因此在界定了上述的原理之後，緊接而來的事實是，他無法解釋這個世界。

在每一個情況下，二元論者發現自己不得不設下一個不可跨越的藩籬，而這阻隔了我們知識的機能。

單一世界觀的追隨者知道，為了解釋世界上任何一個現象，他所需要的一切，必定存在於這個世界本身。而可能阻止他達到這個目的的，只有空間和時間上的偶然限制，或是他自己組織上的缺陷，這意思是指，這個缺陷並非出於普遍的人類組織，而是出於他自己的獨特組織。

◆ ◆ ◆

從「知」的行為的概念可以知道，我們無法談論知識的界限。**「知」並不是普遍性的對世界關懷，而是一個人必須為自己解決、確定的事情**。事物不需要解釋，它們依據透過思維就能發現的法則而存在，並且彼此相互作用；它們靠著這些法則，存在於一個不可分割的整體裡。

我們的「**自我性**」（egohood）與它們遭遇，一開始只理解了被我們稱做知覺印象的那一部分。然而，在我們的自我性中，還發現存在著另一部分現實的力量。唯有當自我性取得了這兩個在世界上不可分割的現實元素，並且將它們結合在一起，我們對知識的渴望才會得到滿足——然後「我」才能再度達到現實。

因此，發生知的行為所需要的條件，是透過「我」和為了「我」。「我」給了自己知的問題，而且是從自身中十分明確清晰的元素裡取得那些問題：思維的元素。假如我們連自己給的問題都無法回答，那一定是因為問題的內容並非在每個方面都很明確、清楚。**把問題給我們的不是這個世界，而是我們自己**。

可以想像，我極不可能回答一個偶然間發現、別人所寫下的問題，因為對於問題內容的任何層面，我一點兒都不清楚。

就我們所知，所關心的、透過知覺印象層面而產生的問題，又經過地點、時間和主體組織的調整後，遭遇上一個涵蓋宇宙整體的概念層面。我的任務，就是要以我對這兩個層面的所知來調和它們，在此我要重申，我們無法談論知識的界限。也許在某些時候，有些事情是無法解釋的，因為限於在人生中的位置，我們無法察覺相關的事物。不過，今日無從得知的，也許明天就會知道了，由這些原因所造成的限制只是短暫的，而且可以憑著知覺和思維的歷程來克服。

二元論所犯的錯誤，是將只在知覺領域裡有意義的客體（目標）和主體的對立立場，轉移到在這個領域之外假設的實體上。但是，在知覺範疇中的個別事物，只要知覺者抑制住思維（思維會去除所有的個別性，並且證明這是基於純粹的主觀因素），它們仍然是彼此分離。既然如此，二元論者就只是轉移了這個領域背後的假設物，即便對這個領域來說這不具備絕對有效性，而只具相關性的決定因子。

所以，他把知識歷程裡的兩個因子，也就是**知覺印象**與**概念**，切割成了四個：

1. 客體自身。
2. 主體對客體的知覺印象。
3. 主體。
4. 與客體自身的知覺印象有關的概念。

主體和客體之間的關係是一個真實的關係，主體在實際上（不斷變化地）是受到客體的影響。這個真實的歷程，據說不會出現在意識裡，但它應該會引起主體對來自於客體的刺激產生反應，而這個反應的結果，就是知覺印象。只有在這個階段，它才會進入我們的意識中。

據說，**客體具有客觀（獨立於主體之外）現實，主體具有主觀現實，這個主觀現實是由主體對客體所產生的關係，這種關係是觀念上的**。二元論者用這種觀念上的關係，將知識歷程劃分成兩個部分，一個部分是出於物自身的知覺目標的產物，他認為這個部分發生於意識之外，另一個部分是知覺印象加上概念，再結合對於客體概念的了解，他認為這個部分發生在意識裡。

有了這樣的前提，為什麼二元論者相信他的概念是先於意識的主觀表述，就很明顯了。對於這樣的二元論者來說，知覺印象所據以產生在主體身上的客觀現實歷程——更不用說在物自身之間的客觀關係——仍舊是直接知識無法理解的；根據他的觀點，人所能獲得的不過是客觀現實的概念表述。把事物彼此聯繫起來、也把事物與每個人的個體心智（如同「物自身」）客觀地聯繫起來的整體結合力，就存在於我們意識之外的物自身裡，而在我們意識中的物自身，只是一個概念上的表述。

二元論者相信，要是他不堅持目標（除了概念上的）之間的真實聯繫，他可以將整個世界分解成一個僅僅是抽象的概念系統。

換句話說，思維所發現的觀念原理對於二元論者來說似乎太虛幻，所以除此之外，他還要尋找能支持觀念原理的真實原理。

◆ ◆ ◆

現在，讓我們更嚴密地檢視這些真實原理。

樸素實在論者把外在經驗的東西視為現實，他的手能夠抓住這些東西，並且以眼睛看到它們，這個事實對他來說，就足以證明它們的現實性。「但凡存在的東西，沒有不能被察覺到的」，這是樸素實在論者的準則，而且反過來看，也被視為同樣有效：「所有東西都能被察覺到其存在。」這個主張的最佳證明，就是樸素實在論者相信永生和鬼魂。

他們把靈魂視為精煉的物質，這種物質在特別的情況下，可以變成一般人看不見的東西（樸素實在論者相信有鬼魂的存在）。

在對照這個真實世界和他的世界時，樸素實在論者把每樣東西，尤其是觀念世界，視為不真實或「僅僅是觀念上的」。以思維加諸於目標的，充其量只是關於東西的想法，而想法並未幫知覺印象添加任何真實性的東西。

但是，樸素實在論者把感官知覺視為現實的唯一證明，不只涉及到東西的存在，也涉及到事件。根據樸素實在論者的觀點，只有當真正呈現給感官知覺的力量出自於A，並且作用於B的時候，A才能影響到B。在早期的物理學上，人們認為物體會散發出很細小的物質，然後穿透感覺器官而進入靈魂。要真正看到這些物質是不可能的，因為相對於這些物質的精細，我們的感覺器官太粗糙。原則上，由於它們的存在模式（被認為可比擬成感官可察覺到的現實存在模式），把現實歸因於這些物質和把現實歸因於可用感官察覺到的世界的物體，兩者的理由是一樣的。

能夠透過觀念而體會到的獨立本質，並不會被樸素實在論者視為與感官所體會到的一樣真實。以「純粹觀念」所理解到的目標，被視為一種嵌合體，直到其現實性經過感官知覺的確認。簡單的說，除了思維上的觀念證據外，樸素實在論者也要求他感官上的真憑實據。在樸素實在論者的這個需求上，有一個信奉神示的純樸形式原始基礎。因此，透過思維而產生的神，對樸素實在論者來說，必定只是一個「觀念上的」神。也就是說，樸素實在論者需要一個可以被感官察覺到的表現形式，而思維上的證據不具有價值，神必須以肉身現形，只為了證明像是把水變成酒那種可由官感驗證的神性。

甚至連「知」本身的行為，都被樸素實在論者想像成一個可比擬成感官知覺的歷程。他們認為，東西給予靈魂一個印象，或是送出可以通過我們感官的影像等等。

樸素實在論者把能夠用感官察覺到的視為真實，而把不能用感官察覺到的（神、靈魂、知識等等），比擬成他所察覺到的。

以樸素實在論為基礎的科學，充其量就只是知覺內涵的精確描述。對樸素實在論來說，概念只是達到結果的工具，它們的存在是為了提供和知覺對象一樣在觀念上的對應物，但對事物本身而言，這是沒有意義的。亦即，只有在樸素實在論者看到的（或能夠看**到的）個別鬱金香時，鬱金香才是真實的，否則鬱金香這個觀念對他來說是抽象的，是靈魂必須靠著所有鬱金香的共同特徵拼湊起來的非真實想法圖像。**

經驗教導我們，知覺印象的內涵在本質上是短暫的，而樸素實在論由於其基礎原理（所有被察覺到的事物都是真實的）的關係，所以與經驗是相互矛盾的。今天我所看到的鬱金香是真實的，但一年之後它已經消失得無影無蹤，繼續存留的是它的物種。然而，對樸素實在論者來說，這個物種「只是」一個觀念，並非現實。

所以這個世界理論所處的立場是，看見它的現實發生又消失，而它所視為非真實的事物，相較於現實，仍然存留著觀念。因此，樸素實在論不得不承認，除了知覺印象外，還有某種觀念上的東西存在。

它必須承認有無法被感官察覺到的實體存在，如此一來，它才能靠著將它們的存在比擬成感官可察覺的目標，來授予其合理性。這樣的假定現實，就是感官可察覺到的目標，彼此作用時所憑藉的不可見力量。

另一種這樣的東西是**遺傳**，它所影響的不只是個體，而且是為什麼一個從那個個體發展而來的新生命，會像它並因而維持種族延續的原因。這樣的東西是滲透於有機體的生命原理，即靈魂（樸素實在論者把它比擬成感官現實時所形成的概念）最終成為樸素實在論者的神格。這種神格的行為方式，被認為跟人所表現出來的行為方式是完全一致的，也就是被賦予了人性。

現代物理學為了找出感覺能力的根源，追溯到身體最小的粒子，以及極細微物質（稱為乙太或其他名稱）的歷程。舉例來說，**我們所體驗到的溫暖，是在散發體溫的身體空間裡，極細微物質所組成的移動**。在這裡，某種感覺不到的東西，被設想為可比擬成能夠被感覺到的東西。

從這個意義上，我們可以這樣說，在感覺上被比擬成「身體」概念的相似物，會是一個完全封閉空間的內部，在其中，有彈性的球體四處移動，彼此碰撞，彈到壁上又回彈，如此反覆不已。[23]

如果沒有這樣的假設，世界對樸素實在論者來說，會四分五裂成一堆雜亂無章的知覺印象，沒有相互的關係，也沒有結合在一起的趨勢。然而，很清楚的是，樸素實在論只能靠著不一致性來做這些假設。假如它要忠於自己「所察覺到的為真」的基礎原理，那麼它就不應該假定有一個讓它感覺不到的東西。

◆◆◆

來自於可察覺事物的不可察覺力量，事實上正好證明了以樸素實在論觀點所做的假設不合理，而且因為樸素實在論也不承認其他現實的存在，所以它授予知覺內涵假設的力量，然後把存在的形式（可察覺到的存在）劃歸在一個領域裡，然而，這個領域卻缺乏創造關於這種存在主張的唯一工具，也就是感官知覺。

這種自我矛盾的理論造成了**形上實在論**（Metaphysical realism）。於是，除了可察覺到的現實之外，它建構了一個根據可察覺到的現實，而設想出來、無法察覺到的現實。因此，形上實在論必然是二元論性質的。

形上實在論者無論在什麼情況下，觀察到可察覺事物之間的關係時（如當兩個東西朝向對方移動，或當某個客觀的東西進入意識時），他就看到了現實。然而，他所注意到的關係，可能只是憑藉思維而表現出來的，事實上無法被察覺到。那麼，純粹觀念上的關係，便被武斷地變成某種類似於可察覺到的關係。

所以，根據這個理論，真實世界是由不斷變化、出現又消失的知覺目標，以及創造知覺目標不可察覺的持久性力量所組成的。

23 也就是說，類似於可被察覺到的運動，其運作在體內不被察覺地發生了，而且造成了直接被察覺到的溫暖，但這個溫暖被認知為截然不同的東西。——英文版譯者註形上實在論是樸素實在論和唯心論的矛盾綜合體，其假設的力量是被賦予了知覺印象特性的不可察覺實體。除了透過知覺能力而知道的層面外，形上實在論者已經決心承認，無法經由知識工具、且只能憑藉思維而去知道另一個層面，但同時，他又無法下定決心去承認思維所揭露的存在模式，也就是概念（觀念），是和知覺印象一樣重要的因素。

如果要避免不可察覺的知覺印象的矛盾，就必須承認，**思維在知覺印象之間所建立起來的關係，除了概念的模式外，不可能有其他模式**。如果我們去除形上實在論站不住腳的那一部分，世界便能夠以知覺印象的總和及它們在概念（觀念）上的關係，呈現在我們面前。然後，形上實在論會融合成一個具有「知覺印象是可以察覺得到的」和「知覺印象之間的關係是可想像得到的」原則的世界觀。這種世界觀不會承認知覺印象世界和概念世界（在兩者中，所謂的「真實的」和「觀念上的」原理同時有效）以外的第三者。

當形上實在論者斷言，除了在客體（目標）的知覺印象和主體的知覺印象間的觀念關係外，必定還存在著知覺對象的「物自身」和可察覺主體（也就是所謂的個體心靈）的「物自身」之間的真實關係時，他便是把主張的基礎錯置於真實歷程的錯誤假定上，就像在感官世界中無法被察覺到的歷程。

更甚者，當形上實在論者斷言，對知覺印象世界展開一段意識觀念上的關係，但對於真實世界只能擁有一種動力（力量）關係時，他便是在重蹈我們之前批評過的錯誤，一個人只能談論知覺印象世界裡（在觸覺方面）——而非知覺印象世界外——的動力關係。

我們把以上所描繪的觀點（在去除矛盾的元素後，形上實在論就能融合進去）稱為一元論，因為它把單一方面的實在論與唯心論結合成一個更高層次的整體。

對樸素實在論來說，真實的世界是一個被察覺到的目標（知覺印象）的聚集，但對形上實在論來說，不只是知覺印象，連不可察覺到的力量也是真實的；一元論用憑藉思維而獲得觀念上的聯繫來取代力量，自然法則便是這種聯繫。事實上，自然法則只不過是以概念去表現出某些知覺印象之間的聯繫。

一元論從不認為，需要用除了知覺印象和概念以外的其他原理來解釋現實。它知道在現實的整個範圍裡，就這個問題而言，是完全沒有必要的。在知覺印象的世界裡，當它把它自身直接呈現給知覺作用的時候，它看到現實的一半；而在這個世界與概念世界的的結合之中，它找到了完整的現實。

形上實在論者也許會反駁一元論的擁護者：或許對你的組織來說，你的知識本身是完整的，沒有缺乏的部分，但你確實不曉得，這個世界是被反映在一個在組織上與你截然不同的智慧裡。對於這點，一元論者會回應：假如除了人類之外還有其他的智慧，而且假如他們的知覺印象與我們的不同，那麼與我有關的就是，來自於它們並透過知覺作用和概念傳達給我的一切。

身為主體的我遭遇上客體（目標），是透過我的知覺作用，也就是說，透過這個獨特的人類知覺模式。事物的聯繫由此被打斷，但主體利用思維來恢復這個聯繫，才能把自己放回世界整體的脈絡中。

由於唯有透過主體，整體才會在我們的認知和概念之間看似被一分為二，所以這兩者的結合，給了我們真實的知識。假如有生物存在於一個不同的感覺世界（譬如他們感覺器官的數目是我們的兩倍），那麼世界連續體會在別的地方（有別於人類的地方）出現斷裂，然後會相應地重新建構一個這種生物的專屬形式。只有對於樸素實在論和形上實在論來說，才會出現知識界限的問題，它們兩者在靈魂的內涵裡只看到真實世界在觀念上的表述。對於這兩個理論來說，存在於主體之外的是某種絕對、以自身為基礎的東西，而被包含在主體之內的，是這種絕對事物的圖像，但外在於那個東西。

知識的完整性取決於圖像和絕對客體之間或多或少的相似度。一個感官比人類還少的生物，能察覺到的世界會比較少，而感官比較多的，察覺到的也比較多。相應地，前者知識的完整性便不如後者。

但對一元論來說，情況就不同了。世界的連續體看似被撕裂成主體和客體的方式，是取決於知覺者的組織。然而，客體並不是絕對的，而是相對的，並且與這個特定的主體有關。因此，跨越對立，只能以那個特定人類主體所特有的獨特方式再次發生，一旦在知覺行為中與世界分離的「我」，透過審慎思考而自行回歸到世界的連續體中，所有進一步的分析探究將完全停止，而只成了這個分離的結果。

◆ ◆ ◆

構造不同的生物，會形成建構方式不同的知識，而我們自己的知識，足以解答由我們自己本質所設下的問題。

形上實在論一定會問：我們的知覺印象是憑藉什麼產生的？影響主體的又是什麼？一元論認為，知覺印象是透過主體來決定的，但同時，主體有方法在思維中抵銷這個自我創造的決定。

當形上實在論者為不同人類個體的世界圖像，在其彼此間相似之處尋求解釋的時候，他所面臨的是一個更深層的困境。他必須自問：我憑自己主觀決定的知覺印象，和我的概念所建造的世界圖像，怎麼會變得和另一個人——同樣憑著這兩種主觀要素所建造——的世界圖像一樣呢？總之，我要如何才能從關於自己主觀世界圖像裡的另一個人的世界圖像中做出結論呢？

人在實際生活中可以彼此了解和相處，這個事實讓形上實在論者推斷出，他們的主觀世界圖像必定是相似的。而從這些世界圖像的相似性裡，又進一步推斷，在作為知覺印象的每個人類主體背後的「個人心靈」，或是主體背後的「我自身」，必定也彼此相似。

這是從根本原因的特性所造成的影響中，做出的推斷結果。我們相信，從足夠大量的例子裡可以很清楚地了解情況，知道被推論出來的原因，在其他例子裡會怎麼產生作用。像這樣的推斷稱為「**歸納法**」。

假如在進一步的觀察中，出現了某種意料之外的元素，我們有義務修正它的結果，因為結論的特性，畢竟是由實際觀察的特定形式來決定。形上實在論者主張，這種原因的知識，儘管是有條件的，但對於實際生活而言，已相當足夠了。

歸納法是現代形上實在論的基礎方法，一度有人認為，我們可以從概念中演化出什麼東西來，而且它就不再是概念了。

曾有人認為抽象現實——形上實在論所需求的——可以藉著概念而得知，但這樣子的哲理闡述已經過時了。相反的，現在認為一個人可以從充分的知覺事實裡，推論出構成這些事實基礎的物自身的特性，以前它來自於概念，現在它來自於人們設法用來發展形上學的知覺印象。

由於一個人在他的想法十分明確之前便有了概念，所以有人認為，一個人也許可以從概念中十分肯定地演繹出形上學。

知覺印象並非來自於同樣的明確度，每一個隨後發生的知覺印象都與它前一個相似者有一點不同。因此，基本上，任何從過去的知覺印象推論而來的事物，都會被每一個接續的知覺印象做了些許修改。

所以，得到的抽象特性可能只是相對真實，因為它有待進一步情況的修正。愛德華·馮·哈特曼的形上學有著受到這種基礎方法影響的特質，如同他第一本鉅著標題頁的題詞所表達的：「在自然科學的演繹法之後的是思辯的結果。」

形上實在論者今日給予他的物自身的形式，是藉由歸納法而獲得的。透過思考知識的歷程，他確信在「主觀的」世界連續體（我們要透過知覺印象和概念而得知）之上，有一個客觀的真實世界連續體存在。他認為，他可以從知覺印象中歸納推論，判定這個現實的本質。

作者的補充，一九一八

透過知覺印象和概念去體驗的無偏見觀察（如同前面所嘗試去描述的），有些源自於自然科學範疇的觀念，一直頗令人煩憂。有人說，光譜中眼睛可見的顏色是紅色到紫色。在紫色以外的空間裡有輻射能，對此，肉眼中並沒有相應的色彩知覺，不過卻有明確的化學效應；同樣的，在紅色的限度以外，是只有溫熱效應的輻射能。

藉由研究這些及其他相似的現象，一個人會被引導到這樣的觀點上：人類知覺世界的範圍，取決於他的感官範圍，如果他有額外的或一套不同的感官，他所遭遇的便是一個相當不同的世界。

任何人縱情於對異想天開之事提供誘人機會的現代科學研究，他們最後的結論也許是，人類無法觀察到無法以身體感官察覺到的東西。因此，他沒有資格把以身體感官所察覺到的（受限於他的身體組織），視為為了現實所設的一個標準，因為每一個新的感覺，都會讓他產生不同的現實圖像。

這個觀點在其合理的限度裡是完全正當的，但假如有任何人以這個觀點，混淆了他對知覺印象和概念之間關係（如這幾章所闡述的）的無偏見觀察，那麼他就阻礙了自己通往任何關於人類和世界的現實主義知識的道路。

體驗思維的本質——即一個人設法透過自身的活動，以進入概念的世界——與透過感官體驗可察覺的某種東西，是全然不同的事情。**無論人可能有怎樣的感官，假如他的思維裡沒有彌漫著憑藉感官所察覺到的概念（不管什麼都好），那麼，將沒有一個感官可以為他帶來現實**。而且每一種感官，無論是怎麼構成的，若是能夠充滿著概念，就能令他生活在現實裡。

人要怎麼在現實世界裡立足，這個問題尚未被他可能對「如果他有不一樣的感官，知覺世界在他看來會是如何」所產生的思辯觸及。我們必須很清楚的了解，世界的每一個知覺圖像的形式，都要歸因於知覺者的組織，我們也要了解，**被思維的經驗徹底滲透的知覺圖像，會引導我們進入現實**。

引起我們探究我們和世界彼此間的關係，並不是世界的圖像在人類感官之外，會顯得是多麼不同且奇異，而是我們領悟到，每個知覺印象給予我們的，只是隱藏它裡頭的一部分現實，換句話說，它引導我們偏離了它的固有現實。除此之外的進一步領悟是，**思維會引導我們進入隱藏在知覺印象裡的那個部分的現實**。

在實驗物理學的領域裡，例如，在講到電力或磁力等不可察覺的量（而非立即可以察覺到的元素）時，就產生了如此處所述、由思維主導，於無偏見觀察過程中的另一個困境。看起來，物理學家所談論的現實元素，和可察覺到的事物或運作中的思維所造成的概念，好像沒有關聯似的，但這種觀點的基礎是自我欺騙。

重點在於，所有的物理學研究結果（撇開應該被排除的不合理假說不談），都是透過知覺印象和概念而獲得的。看似不可察覺的元素，被物理學家對知識的可靠直覺，置於知覺印象所在的領域裡，而且它們被當作是這個領域的常用概念。也就是說，正是透過發生在知覺印象和概念之間的知識歷程，我們才能了解電力或磁力等領域中的力量。

人類感官的增加或修改，會讓我們得到不一樣的知覺圖像，一個更豐富或修改後的人類經驗。但是，即使有了這樣的經驗，一個人仍**唯有透過概念和知覺印象的交互影響，才可能獲得真正的知識**。知識的加深，取決於直覺的力量，而直覺會表現在思維中（見第五章）。在思維中發展的生活經驗裡，這種直覺也許會一頭衝向更深層或更淺層的現實。知覺圖像的擴大，也許能為直覺的這股衝勁提供刺激，等於是間接引發它。但是，無論在什麼情況下，這種觸及現實的衝勁，都不該與遭遇到較寬闊或狹隘的知覺圖像混淆在一起，不管怎麼說，知覺圖像只能涵蓋一半的現實——認知者的身體組織是其決定因素。

假如一個人不會在抽象過程中迷失自我，他便能領悟，對於人類天性的知識來說，在物理學裡，一個人能推論出知覺領域裡的存在元素，是至關緊要的事情，因為知覺器官不會像察覺到色彩或聲音那樣，去察覺到那些元素。人類的存在是相當具體的，它的決定條件不只是由他的組織呈現給直接知覺印象，還有一件事實：其他事物被排除於這個直接的知覺作用之外。

就像生命除了需要意識的覺醒狀態外，也需要有意識的睡眠狀態一樣，人類在自己的經驗上所需要的是，除了感官知覺的層面之外，也應該要有另一個層面——而且是更大的多的層面——即感官不可察覺的元素，但它和知覺印象的由來屬於同一個領域。

所有的這些論述在本書的原始版本中都已出現過，於此再添上延伸性的補充，是因為筆者憑著經驗發現，許多讀者閱讀得還不夠精確。

我們也要記住，本書中所說的知覺印象，不應該與外在的知覺印象混淆在一起，那只是一個特例。

讀者可以從已經讀過的和繼之出現的更多文字中推斷出來，「知覺印象」在此被當作透過感官或透過心靈，來聯繫人的最重要的一切，之後它會被精細的概念領悟。

「感覺」，如我們一般所了解的詞，並不是為了在靈魂經驗或心靈經驗中擁有知覺印象所必需的。我們可以說，這個一般用法的延伸是不被允許的。但是，如果我們不想讓一個字詞的當前意義，阻礙我們擴展某些領域裡的知識，這種延伸就是絕對必要的。

把「知覺作用」只當作「感覺作用」使用的任何人，絕對無法擁有符合知識目的的概念——即使它就是這個感覺作用的知識。有時候，我們必須擴展一個概念，才能使概念在一個狹隘的範圍裡獲得它適當的意義。有時候，我們也必須為概念的原始內涵做點補充，原始的概念才能得到合理的解釋，或是重新調整。

所以，我們在這本書中讀到（見第六章）：「**心智圖像是一種個體化的概念**。」有人反駁說，這不是文字的一般用法。但是，假如我們想要找出心智圖像真正是什麼，這種用法就是必要的。要是每個人遭遇到「這不是文字的一般用法」的反駁，就不得不去重新調整他的概念，那我們在知識上又怎能有所進步呢？

第二部分

自由現實

第八章／生命的要素

讓我們扼要地重述一下前幾章裡所討論過的東西。人們所面對的世界具有多重性，是許多個別零碎物的聚集，這些個別零碎物的其中之一、眾多實體中的一個實體，就是人類。世界的這個層面，我們稱之為「**既有的**」，而我們不以意識活動使它成長，只是發現到它，便稱之為「**知覺印象**」。

在知覺印象的世界裡，我們察覺到自己，這個經證實能夠將所有知覺印象彼此連結起來，並從而把所有其他知覺印象和我們自身的知覺印象連結在一起的「自我知覺印象」，假如沒有「某物」從中發生，最後也只是諸多知覺印象裡的其中之一。

這個從中發生的「某物」，它也不像知覺印象一樣是既有的，而是由我們的活動所創造出來。一開始，它看起來與我們所察覺到的自我密切相關，不過在其內在意義上，它超越了那個自我。而被它添上觀念性決定元素的個別知覺印象，彼此之間是相關的，並且都源自於一個整體。

憑藉自我知覺作用所獲得的，受到這個「某物」在觀念上的影響，其方式跟所有其他的知覺印象一樣，而且被當作與客體相對的主體（或是「我」）。

這個「某物」就是**思維**，而在觀念上的決定因素就是**概念**和**觀念**。因此，思維首先出現在自我的知覺印象裡，但自我不單純是主觀的，因為唯有在思維的協助下，自我才具有主體的特性。自我的想法與它自身的這層關係，就是在生活中決定我們性格的因素，我們憑藉它而過著純粹觀念性的生活，我們憑藉它而感覺到自己是思維者。

我們生活中的這個決定因素，假如沒有加入自我的其他決定因素，它依然只是純粹概念（邏輯）性的。那麼，我們應該就是在諸多知覺印象之間，以及知覺印象與我們之間所建立的純粹觀念關係上，成為擴展生活的創造物。假如我們把這種思想關係的建立稱為「認知行為」，把結果稱為我們的「知識」，那麼，假設上述的假定是正確的，我們就必須把自己視為純粹認知或知的存在體。

◆ ◆ ◆

然而，這個假定並不恰當。我們讓知覺和我們自己產生聯繫，不只是在觀念上透過概念，而且如我們已經看過的，也透過感覺。因此，我們不是對人生只有純粹概念內涵的存在體。

事實上，樸素實在論者認為，比起在感覺生活裡，性格在知識的純粹觀念元素中活得更真誠。從他的觀點來看，當他以這個道理說明物質的時候，是相當正確的。一開始時，主觀面的感覺跟客觀面的知覺是一模一樣的。根據樸素實在論「可以被察覺到的每件事物都為真」的基礎原理，我們所得到的是，感覺必定是一個人性格的真實性保證。

然而，如同在此所了解的，假如要感覺以完全的現實呈現在我們面前的話，一元論必定會同意，感覺也要和知覺印象一樣，需附加同樣的東西。所以對一元論而言，感覺是一種不完整的現實，它在一出現時尚未含有第二個要素，即概念或觀念，這就是為什麼在實際生活中，感覺（就像知覺一樣）會出現於知曉之前。

亦即一開始的時候，我們僅有存在的感覺，而且這只是自我概念在逐漸發展過程中，從模糊的存在感浮現出來的那個點。然而，稍後出現的，是源自於一開始與感覺密切相關的東西。這就是為什麼樸素實在論者相信，一個人會直接感覺到存在，但卻是間接地知道存在。

因此，感覺生活的培養，在樸素實在論者看來比任何事情都重要。他只會相信，當他的感覺接收到宇宙的模式時，他才能對宇宙的模式有所理解。他嘗試讓感覺——而非知曉——成為知識的工具。

由於感覺完全是一種個體性、相當於知覺的東西，所以感覺的思想家，只用在他自己性格裡有意義的某種東西，來制定宇宙原理。也就是說，他企圖用他的自我滲透整個世界。一元論者（從我們描述過的意義上來說）努力透過概念去理解的是，感覺思想家試圖透過感覺去獲得的，其實與客體的這種關係更為直接。

◆ ◆ ◆

剛才所敘述的趨勢（感覺哲學），往往稱為「**神秘主義**」（mysticism）。以純粹感覺作為基礎的神秘觀點，其錯誤是，它想直接體驗透過知識而得到的東西，並想把具個體性的感覺提升為普遍性的原則。然而，感覺是一種純粹的個人事物，是作為主體的我們與外在世界的關係——這種關係是就主觀經驗中的表現來說的。

不過，還有另一種人類性格的表現。「我」透過思維，普遍分享在這個世界上的生活。它以這種純粹觀念性的方法（也就是概念性的），將知覺和自身聯繫起來，也將自身與知覺聯繫起來。在感覺方面，它直接經驗到客體和作為主體自身的關係。

但在意志方面，情況正好相反。在意志上，我們所關注的又回到知覺印象，也就是自身與客體關係的知覺印象。也就是說，在意志裡的，只要不是純粹觀念性的要素，就是和外在世界任何客體一樣的知覺對象。

然而，關於這一點，樸素實在論者又再次相信，在他面前有著比藉著思維所獲得的更真實的東西。相較於在後來只能以概念形式理解事件的思維，他在意志中看到一個元素，而在這個元素裡，他直接覺察到一個事件，一個因果關係。根據這樣的觀點，「我」憑著意志所達成的，是一個被間接經歷的歷程。

這個哲學的擁護者相信，在意志裡，他可以真正理解到世界體系的一角。由於他憑著知覺能力只能夠注意到外在的其他事件，但他確信，在他的意志裡，他會很直接地經歷一個真實的歷程。

意志出現在自我之內的這種存在模式，對他來說，變成了現實的具體原理。他自己的意志在他看來，就是普遍世界歷程的一個情況，而普遍世界歷程在他看來，就是宇宙意志。這個意志變成了宇宙原理，就像（在神秘主義中）感覺變成知識的原理一樣。這種理論稱為**意志哲學**（thelism），它把只能經由個人體驗的東西，變成了世界的構成要素。

神秘主義有多麼以感覺為基礎，意志哲學就多麼不能被稱為科學，這兩者都主張，對於世界在概念上的了解是不夠的，它們都要求，除了觀念性的原理外，也要有真實的存在原理。

從某種程度上來看，這是合理的，但既然知覺能力是理解這些所謂真實原理的唯一工具，感覺神秘主義和意志哲學的主張就變得像在說：我們有兩種知識來源——思維和知覺，後者呈現出來的樣子，是在感覺和意志中的個人經驗。既然來自於其中一個來源（經驗）的結果，便不能根據這個觀點，直接被納入來自於另一個來源（思維）的結果，那麼這兩種知識模式，知覺和思維，就依然平起平坐，它們之間沒有任何更高形式的調解。

除了知識可以接觸到的觀念原理，據說還有一個不能被思維所理解，但可以被體驗的真實原理，亦即感覺神秘主義和意志哲學都是某種形式的樸素實在論，因為它們贊同「直接察覺到的便是實在的」的學說。相較於原始形式的樸素實在論，它們所犯的錯，是更進一步的前後矛盾——將一種特殊形式的知覺（感覺或意志）視為知曉現實的唯一工具，但它們真正能夠做到的時候，是它們在基本原理上堅持「察覺到的便是實在的」。不過在那種情況下，為了知識的目的，它們對外在的知覺能力也應當授予相等的價值。

當意志哲學把意志的元素置於無法被直接體驗的存在層面時（不像它在個別主體中可以被直接體驗），意志哲學就變成形上實在論。它假定，在主體之外有一種關於這個主體真實存在的假設原理，其唯一的準則是主觀經驗。作為形上實在論的一種形式，哲學意志在前一章受到了批判，因為它必須跨越每一種形式的形上實在論的矛盾階段，也必須承認，只有當意志在觀念上與世界產生聯繫時，它才是一種普遍性的世界歷程。

作者的補充，一九一八

用觀察去領會思維的真實本質，其困境在於，當靈魂試著集中注意力做觀察時，太容易略過聚精會神的自己。於是，除了枯燥乏味的抽象概念——思維的殘骸——並沒有什麼可以審視的。假如我們只檢視這個抽象概念，我們也許會很輕易地發現，自己不得不接觸到顯得「生活多麼豐富」的感覺神秘主義或意志形上學。然後，我們會發現一件奇怪的事情，那就是每個人都期望能用「純粹的想法」領悟現實的本質。

但是，假使我們一旦真的成功地發現思維生活，就會知道，即使在純粹的感覺中徜徉，或直覺地覺察到意志元素，也無法與這種思維生活的內在財富、獨立自主和不斷發展的經驗相比，畢竟思維生活的階層比它還高。

正是由於這種財富、這種內在的豐富經驗，呈現給靈魂的一般觀點思維形象，才會顯得枯燥和抽象。沒有其他的人類靈魂活動，會像思維一樣那麼容易被誤解，即使當我們在回憶中再度經歷往事的時候，意志和感覺依然使靈魂充滿了溫暖，而思維太快地將我們遺留在冰冷的回憶中，彷彿靈魂的生命已經枯竭了一般。這其實就是它真實本質的強烈投影——溫暖、光輝，深深滲透到世界現象裡。

這種滲透來自於一種流貫思維自身活動的力量——**心靈形式的愛的力量**。有人反對說，在思維活動中辨明愛，就是將感覺（也就是愛）投射到思維裡，但這種反駁毫無根據。事實上，這種反駁不過就是我們之前所說的確證。

假使我們朝著思維的本質去看，我們會在其中發現感覺和意志，以及它們的深刻現實；但如果我們撇開思維去看「純粹的」感覺和意志，我們便失去了它們真正的現實。

假如我們準備憑直覺去經歷思維，我們也可以同樣公平地處理感覺和意志的經驗，但感覺神秘主義和意志形上學無法僅憑直覺思維，去公平地處理對現實的滲透——他們太輕易就斷定說，他們本身深植於現實之中。而直覺思維者，缺乏感覺，且對現實一竅不通，往往是從「抽象想法」中形成一個模糊且冰冷的世界圖像。

第九章／自由的觀念

對於我們的認知來說，樹的概念受到對樹的知覺印象的調整。在面臨一個特定的知覺印象時，我只能夠從整個概念系統中選出一個特定的概念。概念和知覺印象的聯繫，是由思維在知覺層面上間接且客觀地決定。知覺印象及其概念的這種聯繫，雖然是在知覺的行為後才得到認定，不過在事物的本質上，它們本來就彼此互屬。

當我們檢視知識，甚或從知識的範圍內去檢視人類與世界的關係時，歷程看起來就不一樣了。在前面幾章裡，已經做過這樣的嘗試去證明，這種關係的無偏見觀察，能夠闡明它的本質。對這種觀察有適當的了解，才能夠培養出「**思維可以被直接地辨明為一個獨立自主的實體**」的洞見。

◆ ◆ ◆

有些人認為思維的解釋需要能夠喚起某些其他的事物，像是他們所觀察到，隱藏在意識思維之後的大腦歷程，或無意識的心靈歷程，然而，那些人其實未能看清思維的無偏見觀察能夠給我們帶來什麼。必須明白，當我們觀察思維時，我們在這個觀察期間，便是直接活在一個自主生命的心靈網絡裡。

的確，我們甚至可以說，如果我們要從心靈最直接呈現給人類的形式，去領會它的真實本質，我們只需要檢視思維的自主活動即可。

當我們仔細思量思維本身時，有兩件事情會同時發生，即概念和知覺印象——但它們在其他方面必定是分離的。如果未能認清這一點，我們就只能將在知覺印象上詳述的概念，視為知覺印象的模糊複製品，而且我們會把知覺印象當作呈現給我們的真實現實。

我們還會進一步建立起一個，以察覺到的世界作為範本的抽象世界，我們把它稱為「原子世界」、「意志世界」、「無意識心靈世界」，或什麼都好，每一種名稱都根據命名者自己的心智想像類型而定。然後我們可能沒有注意到，我們一直一無所成，只不過是依據自己知覺印象世界的模式，假設性地建立起一個抽象世界。

但是，如果我們認清思維中所呈現的，我們便能了解，在知覺印象裡，我們只擁有現實的一部分，而屬於它的另一部分，也就是首先讓完整現實出現的那個部分，會被我們在思維滲透知覺印象的作用中體驗到。我們在（出現於意識中的）思維這個元素中看到的，並不是某個現實的含糊複製品，而是一個獨立自主的心靈本體。對於這點，我們可以說，它是透過直覺而被帶入意識的。**直覺是（在純粹心靈中）對純粹心靈內涵有意識的體驗，唯有透過直覺，才能夠領會到思維的本質。**

一個人唯有藉著無偏見的觀察，努力看清思維的本質是直覺性的，他才會為深入人類身心組織的洞見，成功地理出一條道路來，進而了解，這個組織對於思維的本質是沒有影響的。乍看之下，這似乎與十分明白的事實有矛盾。就一般的經驗而言，人類思維的出現只與（和藉著）這個組織有關聯。它出現的形式是如此地無法被忽視，以致於除非我們認清在思維的本質中這個組織不管怎樣都沒有影響力，否則便無法領悟它的真實意義。

一旦我們體會到這一點，我們就再也不會忽略，在人類組織和思維自身之間有這麼一個獨特的關係。這個組織對思維的本質並沒有任何貢獻，反而是每當思維的活動一出現時就變得模糊；而當它暫停自己的活動，並提供一個空無一物的舞臺時，思維就出現了。

思維的活躍本質具有雙重功能：第一，它抑制人類組織的活動；第二，它接手那個工作。因為即使是前者（抑制身體組織），也是思維活動的結果，而且是準備把思維表現出來的這個活動中最特別的部分。

從這裡可以看到，思維是用什麼方法找到它在身體組織中的相似對應物。當我們看到這一點，對於這個思維活動的對應物，便不會再誤判它的重要性。

當我們走過軟軟的土地時，我們在泥土上留下腳印。我們不會說，這些腳印是由腳下土地的力量形成的，不會把製造的腳印歸因於這些力量。就像——如果我們（盡可能）不帶偏見地觀察思維的本質——我們不會把思維本質裡的任何一部分，歸因於當思維準備憑藉身體表現出來時，在身體裡所產生的痕跡。[24]

不過，此處出現一個重要的問題。如果人類組織在思維的本質裡不具有影響性，那麼這個在人類本質裡的組織有什麼重要性？

其實，在這個組織裡，透過思維所發生的事，與思維的本質的確沒有關係，但它與源自於這個思維所產生的自我意識，有著極大關聯。

思維，以其本質而言，必定含有真實的「我」或自我，但它不包含自我意識。為了看清這一點，我們只需抱持開放的心態去觀察思維，這個「我」存在於思維之中，「自我意識」則是透過思維活動，在我們一般意識裡（以上述方法）烙印下痕跡而產生（所以，自我意識是藉著身體組織而產生的。然而，這一點不能拿來說明，一旦自我意識產生之後，便要依賴身體組織。事實上，它一產生之後就被送進了思維裡，並且從此是分享思維的心靈存在）。

24 上述觀點在各方面影響物理學、生理學等等的方法，作者在出版這本書後的作品中也闡述過。在此他只關心對思維的無偏見觀察結果的特性描述。

「自我意識」建立在人類組織之上，而且我們的意志行為就是出自於後者。經過前面的論述之後，只要藉由觀察意志行為是怎麼從人類組織裡產生，我們便可以洞悉思維、意識「我」和意志行為之間的關係。[25]

◆ ◆ ◆

在任何特殊的意志行為上，我們必須考量其**動機**和**驅動力**。動機是帶有概念或心智圖像特性的一種因素；驅動力則屬於人類組織，且是被直接調整的意志因素。**概念的因素，或動機，是意志的暫時決定性因素；驅動力是個體的長期決定性因素**。意志的動機也許是一個單純的概念，要不然就是和某個知覺印象有特殊關係的概念，也就是心智圖像。

一般概念和個體概念（心智圖像），都藉由影響個人和決定他往某個特定方向去行動而成為意志的動機。但是，同一個概念或同一個心智圖像，可以用不同的方式去影響不同的個體。它們刺激不同的人，而產生不同的行為。所以，意志行為不僅是概念或心智圖像的結果，也是一個人個體性組成的結果。這裡，我們可以效仿愛德華．馮．哈特曼，把這種個體性的組成稱為性格特質。**概念和心智圖像影響一個人性格特質的方法，會賦予他的人生一個明確的道德或倫理標記**。

性格特質或多或少是由主觀生活的長期內涵（也就是心智圖像和情感的內涵）所累積而形成的。

一個進入我心智的心智圖像，是否會在此刻刺激我去從事一個意志行為，取決於它如何將它自身與我所有其他心智圖像的內涵，和我表達情感的方法聯繫起來。但歸根究柢，我心智圖像的一般內涵是經由整體概念所調整過的，而那些概念在我個人生活的過程中，已經和知覺印象產生聯繫，也就是說，變成了心智圖像。

這個整體，取決於我或多或少的直覺能力以及我的觀察範圍，也就是說，取決於經驗的主觀和客觀因素、我的內在本質和生活中的情況。我的性格特質特別是由情感生活來決定，是否要讓一個特定的心智圖像或概念化為行動的動機，則取決於它是否帶給我快樂或痛苦。

這些就是我們必須在一項意志行為上考量的元素，即時的心智圖像或概念——會變成動機——決定了我的意志目標或意念；而我的性格特質則決定了我要引導活動朝向這個目標發展。

25 本章開頭關於這一點的段落，是在一九一八年版補充或修改的。

在接下來半小時裡散步的心智圖像，決定了我行動的目標，但這個心智圖像只有在它遇上適合的性格特質時（也就是說，假如在我過去的人生裡，我有形成散步的感覺和意念、它的健康價值等等的心智圖像，而且此散步的心智圖像在我心裡有伴隨愉快的感覺），才會升格成為我意志的動機。

◆ ◆ ◆

因此，我們必須分辨：

1. 能夠將特定的心智圖像和概念轉化成動機的可能主觀性格。

2. 可能影響了我的性格特質，將進而導致意志行為的心智圖像和概念。

對於我們的道德生活來說，前者代表驅動力，後者則是它的目標。

道德生活中的驅動力，可以經由找出組成個體生活的元素來發現。

個體生活的第一個層次就是**知覺**，尤其是透過感官的知覺。這是我們個體生活的領域，在這個領域裡，知覺將自己直接傳送到意志裡，沒有情感或概念的介入。這裡所牽涉到的驅動力，就稱為直覺。我們低階、純粹動物需求（飢餓、性交等等）的滿足感，便是這樣產生的。

直覺生活的主要特徵，就是知覺印象釋放意志行動時的即時性。這種意志的決斷力（最初只屬於低階情感的生活），或許也會擴展到高階情感的知覺印象裡。我們也許對外在世界某個事件的知覺印象會產生反應，卻不會對我們的行為深思熟慮，不會對於它本身和知覺印象的關係產生特別情感，正如我們常見的社會行為中所發生的事。這種行為的驅動力稱為機智或道義。一個人越常發生對知覺印象這種即時的反應，就越是證明自己能夠在機智的指引下純粹地行動，也就是說，機智變成了他的性格特質。

人類生活的第二個層次是**情感**。明確的情感會伴隨對外在世界的知覺印象，這些情感也許會變成一項行為的驅動力。例如，**當我看到一個人在挨餓，我對他的憐憫也許會變成我行為的驅動力**。這種情感，有羞恥、驕傲、正直、謙虛、懊悔、憐憫、憤怒、感激、虔誠、忠誠、愛和責任。[26]

生活第三個層次是**思維和形成心智圖像**。藉著單純的省思，心智圖像或概念也許會變成行為的動機。心智圖像會變成動機，是因為在生活的過程中，我們習慣性地將意志的目標一再與重現的知覺印象聯繫起來。所以，對於並非完全缺乏經驗的人來說，他們在某些

26 道德原則的完整記載（從形上實在論的觀點來看）可參見愛德華·馮·哈特曼的《道德意識現象學》。

情況中所做過的，或看過別人做的行為，其心智圖像會伴隨類似情況的知覺印象產生，而出現在意識中。這些心智圖像在他們的心智中飄遊，成為決定所有後續狀況的模式，它們變成那些人性格特質的一部分。

在這種情況下，我們把意志的驅動力稱為**「實踐經驗」**（practical experience），當十分典型的行為圖像在心智裡與生活中某些情況——我們略過所有基於經驗的深思熟慮，並且從知覺直接跳到意志行為的任何時候——的心智圖像緊密聯繫時，實踐經驗會慢慢融入機智的行為裡。

個體生活的最高層次，是與任何明確的知覺內涵都沒有關係的**概念性思維**。我們憑著出自於觀念層面之外的純粹直覺，來決定一個概念的內涵。這樣的概念內涵在一開始時，與任何明確的知覺印象都沒有關係。如果我們受到與某個知覺印象有關的概念影響（也就是說，在某個心智圖像的影響之下），而展開一項意志行為，那麼就是這個知覺印象經由概念性思維間接決定了我們的行動。

但是，假如我們的行為是受到直覺的影響，那麼我們行為的驅動力就是純粹思維。在哲學中，習慣把純粹思維的機能稱為「理性」，對於這個生活層次的道德驅動力特性，我們或許可以給它一個適當的名稱，就稱為**「實踐理性」**（practical reason）。對於這個意志上的驅動力，克雷顏布爾（Kreyenbuehl）給了最大膽的解釋[27]。在我看來，他在這個主題上的文章，是對今日哲學最重要的貢獻之一，尤其是對於倫理學。克雷顏布爾把我們討論的這種驅動力稱為**「先驗實踐」**（practical a priori），也就是，直接出自於直覺的行為衝動。

很顯然，這種衝動嚴格說來，並不屬於性格特質，因為在這裡能作為有效驅動力的，不再單純是身上某種個體性的東西，而是觀念和直覺的普遍內涵。一旦我看到把這個內涵視為一項行為的基礎和起始點的正當理由，我便展開意志行為，但這個行為無關於我是否事先有個概念，或概念是否在行為即將發生前才進入我的意識，也就是說，無關於概念是否已經成為我自己的一個性格。

由於真正的意志行為，唯有在行為的短暫衝動，以概念或心智圖像的形式影響性格特質時才會有結果，所以這樣的衝動就變成了意志的動機。

◆ ◆ ◆

27《哲學月刊》，第十八卷，第三冊（Ethical-Spiritual Activity in Kant—電子版）。

道德行為的動機是心智圖像和概念，有些道德思想家也從情感中來看道德行為的動機，他們主張，道德行為的目的，是為行為的個體盡可能提升愉快的量。然而，愉快本身不能變成動機，只有想像的愉快可以。未來情感的心智圖像（而非情感本身）能夠影響我的性格特質，但那種情感在行為的當下還不存在，它必須先由行為去創造。

然而，一個人自己或他人福祉的心智圖像，理所當然地被視為意志的動機。透過一個人的行為，為自己創造最大值愉快（也就是獲取個人幸福）的主義，稱為「**利己主義**」（egoism）。追求這種個人幸福，要無情地只想到個人的利益，和不惜犧牲他人的幸福來奮力取得；或是預期他人的幸福，對自己有間接性的正面影響，因而促進他人利益；或是擔心傷害他人，會使自己的利益受損（審慎的道德觀），因而促進他人利益。

道德上的利己原理的獨持內涵，取決於我們用來構成自己或他人幸福所形成的心智圖像。一個人會依據他所認為的生活中的好東西（奢侈、幸福的希望、各種罪惡的救贖等等）來決定他為一己利益而奮鬥的內容。

一個行為的純粹概念內涵，會被視為另一種類型的動機。這個內涵不僅與特定的行為有關（如一個人有愉快的心智圖像），也與（源自於道德系統的）行為的來歷有關。這些以抽象概念形式呈現的道德原則，可以讓一個人用來管理他的個人道德生活，但不用去思考概念的起源。在那種情況下我們只覺得，遵守重於行為法令形式的道德概念，是道德上的必然性，我們把這種必然性的建立留給要求我們道德服從的人，也就是，我們所承認的道德權威（家庭、國家、社會領袖，以及教堂或神啟的權威人士）。

假如法令不是透過一個外在的權威、而是透過自己的內在生活（道德自律）讓我們知道，這些道德原則特別不一樣。在這種情況下，我們會聽到令我們必須服從的聲音，就在我們自己的靈魂裡。這個聲音的表現，便是意識。

當一個人不再只是接受外在或內在權威的約束，並且把那些約束當作他行為的動機，而是試著去了解為什麼某個行為準則會是他行為的動機時，這便是道德的進步。

在這種道德的層次上，一個人會試著找出道德生活的必要條件，也會讓自己的行動依據這些必要條件來決定。這些條件包括：

- 為了人類的最大利益。
- 文明的進步，或使人類道德朝著更完美方向去發展。
- （以純粹直覺領會的）個人道德目標的實現。

所謂人類最大的利益，不同的人當然有不同方式的理解。這種最大化，指的不是「利益」的任何特定心智圖像，而是承認這個原則的每個人，都會奮力去做任何在他看來最能促進人類利益的事情。

因為文明的進步，那些受到文明的庇佑而產生快樂感覺的人，變成了前述道德原則的特殊情況。當然，他們也必須考量對大眾利益有貢獻的許多事物的衰亡和破壞。但是，也有可能，文明進步除了帶來快樂的感覺，還有些人把它視為道德的必然性，對這些人來說，這變成除了前項以外又一項的特別道德原則。

文明進步的原則，就像大眾利益的原則一樣，基礎在於心智圖像，也就是說，在於我們將道德想法的內涵與特定經驗（知覺印象）聯繫在一起的方法。

然而，可以想到的最高道德原則，一開始並未涵蓋任何特殊經驗，而是出自於純粹直覺，之後才開始尋求與知覺印象的關係，也就是和生活的關係。這裡所說由權威人士或機關著手促成之事的決定，和前述情況的決定是截然不同的，如果一個人堅持大眾利益的原則，他會先問，他的想法對大眾利益有什麼貢獻？如果一個人所支持的是文明進步的原則，他的行動也會很相似。

但是，還有一個更高層次的方法，它不是和每個情況一樣從特殊道德目的開始，而是從所有道德原則裡看到某種價值，也必定會問，在某個已知的情況裡，哪一種原則更為重要？有可能一個人認為，在某些情況下文明的進步是正確的目的，在別的情況下是促進大眾利益，還有些情況則是促進自己的福祉，因此，他的行為動機是由每個個別情況造成的。但是，假如做決定的依據都只是次要的，那麼概念直覺便是優先的考量。

現在，所有其他的動機都退下了，唯有行為背後的那個想法成為它的動機。

在性格特質的幾個層次裡，我們單獨挑出了最高層次的純粹思維或實踐理性；而在這些動機裡，我們單獨挑出來作為最高層次的，是概念直覺。在仔細審視下會發現，在這個道德的層次裡，驅動力和動機剛好同時發生，也就是說，影響我們行為的，既不是先決的性格特質，也不是一個已被接受的道德原則的外在權威。因此，這個行為既不是遵守某些規定的刻板行為，也不是我們回應外在刺激的自動表現，而是一個純粹由它自己的觀念內涵來決定的行為。

這樣的行為是以道德直覺的能力為前提，而沒有能力去體驗個別特定道德原則情況的人，就絕對無法實現真正的個人意願。

康德的道德原則——你的行為要足以讓所有人信服——與我們的正好相反，他的原則對於所有行為上的個人衝動來說是沒意義的。

在我看來，這個標準絕對不可能成為所有人類行為的方式，只能在個別情況下成立。膚淺的判斷也許會反駁這麼這些論述：怎麼可能讓一個行為去分別符合特定的案例和特定的情況，同時又憑直覺，以純粹觀念性的方式來決定？這個反駁在根本上，把道德動機和行為的可察覺內涵弄混了。後者也許是動機，不過它實際上是在文明進步的情況裡、或當我們因利己而行為的動機，但在一項以純粹道德直覺為基礎的行為裡，它不是動機。

當然，我的「我」會注意到這些知覺內涵，但它不讓自己被它們所決定。這個內涵只用來建構一個認知概念，但相應的道德概念並不源自於客體的「我」。我所遇到的已知情況的認知概念，只在我採取特定道德原則的觀點時，它才是一個道德概念，假如我的行為只是依據文明發展的普遍性原則，那麼我一生的道路就被束縛在一條固定的途徑上。

◆　◆　◆

在我察覺到且和我有關的事件裡，若同時也出現了道德義務——亦即要盡自己的一份力量，使這個事件有利於文明的發展。則除了把依據自然法則的事物關係揭露給我的概念，還給了我道德方向、教我（身為一個有道德的人）如何行規蹈矩的道德標籤。像這樣的道德標籤，在它的立場上是很合理的；而在一個較高的層次上，和它同時發生的是，當我遇到具體的情況時所浮現的觀念。

人類彼此間在直覺的能力上有很大的差異，也許這個人的想法湧現，但對另一個人來說，卻要費很大功夫才能獲得。人類生活的環境和他們行為的背景，同樣差異極大，因此**一個人的行為，取決於他直覺的機能在一個既定情況下運作的方式**。

在我們身上有效的觀念總和，也就是直覺的具體內涵，構成了每個人的個體性，儘管觀念世界是普遍性的。

只要這個直覺內涵用於行為，它就構成了個人的道德內涵，而讓這個內涵表現在生活中，是一個人所能擁有的最高級的道德驅動力和最高級的動機，這種人了解，在這個內涵裡，所有其他的道德原則，最後都結合在一起了。我們可以把這個觀點稱為**「倫理個體論」**（ethical individualism）。

在任何具體的情況中，以直覺決定行為的決定性因素，就是找出相應的純粹個體性直覺。在這個道德的層次裡，就起因於一般個人衝動的概念而言，我們只能夠談論籠統的道德概念（規範、法律）。**普遍性的規範必定要以能據以衍生的具體事實為前提，但那些事實首先必須由人類行為來創造**。

假如我們找出個人、世人和各個時期的行為規範（概念性的原則），我們便可以得到一個與其說是道德法則科學，還不如說是道德自然史的道德系統。唯有以這種方法得到的法則，才能像自然法則與某個特定現象的關係一樣，與人類的行為產生關聯。然而，這些法則和行為所依據的衝動是絕對不同的，如果想了解一個人的行為如何來自於他的道德意志，就必須先研究這個意志與行動的關係。

首先，我們必須密切注意這個關係是其決定性因素的哪些行動，假如我（或者是別人）之後反省這樣的行為，便會發現，這會討論到道德原則。在我執行受到道德準則（只要它憑直覺地出現在我內心）影響的行為時，此行為和我對那個想透過行動去了解的目標的愛，是有密切關係的。

我不需要理會任何人和規則：我應該這麼做嗎？只要在我一領會到它的觀念時就去實踐，它就是這樣成了我的行為。

假如一個人有所行動，只因為他接受某種道德標準，那麼他的行為就是構成道德規範原則的結果。他只是執行命令，他是一個優秀的機器人，把行為的刺激物注入到他的心智中，然後他道德原則的裝置會立刻啟動，照指定的路徑運行，才能造成基督精神、或人道、或看似無私、或預計能促進文明進步的行為。

只有當我追隨我對目標的愛時，我本身才是那個行為者。我在這個道德層次上行動，不是因為我承認舉頭三尺有神明，或有一個外在的權威，或一個所謂的內在聲音。

我不承認有什麼外在原則來約束我的行為，因為我已經在自己身上找到了行為的根據，也就是我對這個行為的愛。我不用在心裡弄明白，我的行為是好是壞，我執行那個行為是因為我愛它。

如果我的直覺被愛滲透，在憑直覺可體驗的世界連續體中，找到適合它的地方，我的行為就會是「好的」，但假如情況並非如此，它就是「壞的」。同樣的，我不用問自己：換成另一個人在我的位置上，他會怎做？——我就是以我（這個特殊的個體）認為有必要的方式去做。

我的直接指導不是普遍用法，不是共同習俗，不是適用於全人類的準則，不是道德規範，而是我對那個行為的愛。我沒有強迫感，沒有受到直覺引導的強制感，也沒有道德戒律的壓迫感，我只是想實現在我內心的東西。

為一般道德標準辯護的人，對於這些論述也許會回應說，假如每個人都竭力過自己的生活，做他喜歡的事，那麼在善行與犯罪之間就沒什麼差別了；每個在內心的邪惡衝動就跟為善的意念一樣，有權利去表現它自己。**決定我作為一個道德存在體的條件，不可能是**

「我已懷有一個行為的觀念」這樣的單純因素，而是我判斷它是善是惡，只有判斷結果為「善」，我才能實現它。

我對這個很明顯的異議（它在根本上對我的論述產生誤解）的回應是：

假如我們想了解人類意志的本質，就必須要能分辨引導這個意志到某種發展程度的道路，和當意志達到這個目標時，它會呈現出來的獨特性質。

在通往這個目標的道路上，規範有其重要地位。目標經由純粹直覺所領會的道德目的的實現所組成，人類擁有這些目的，甚至到了能夠將自己提升到直覺的觀念世界程度。在任何特定的意志行為裡，這樣的道德目的通常還帶有其他元素——作為驅動力或動機。

儘管如此，直覺也許仍然是人類意志中全部或部分的決定因素。一個人所做的，就是他應該做的；他提供一個舞臺，讓責任變成了行動；他自己的行動是出自於自身的東西。這裡的衝動只可能完全是個體性的，而且事實上，只有出自於直覺的意志行為，才是個體性的意志行為。

以一個人看待純粹直覺的具體化方式，去將邪惡（犯罪行為）視為人類個體性的一種表現，除非盲目本能（未加以思考的本能）被視為人類個體性的一部分時，才有可能。但是，驅使人類犯罪的盲目本能並不源自於直覺，也不是屬於他身上個體性的東西，而是屬於他身上最普遍的東西，也是屬於同樣出現在所有個體身上的東西，而且由於這個東西，人會憑著身上具有個體性的條件，而努力前進。

我身上具有個體性的東西，並不是指這個擁有本能和感覺的身體，而是在這個體內綻放光芒的統一觀念世界。我的本能、衝動和熱情，所確立的只不過是我屬於人這個種類的特質；觀念世界的某東西在這些衝動、熱情和感覺裡，要以某種特定的方式表現出來，是這樣的事實造就了我的個體性。

就我的本能和渴望而言，我是那種樸實平凡的人；就我用來設計出「我」的特定形式觀念而言，我是一個個體。我本身之外的人，可以利用我動物天性中的差異，來分辨我和其他人；我憑藉我的思維，也就是靠著理解我內在的觀念，而能夠分辨我自己和其他人。因此，一個人不能說犯罪行為是源自於他的內在觀念，正確地說，犯罪行為的特性，正是它們出自於人類身上非觀念性的元素。

◆ ◆ ◆

一項行為被認為是自由的，其原因是出於個人存在體觀念上的那部分，而其他的每個部分——無關於它的實現是否基於強制的天性，或是對於道德規範的遵守——則被認為是不自由的。

人類只要在生命中的每一刻都能夠遵從自己，才是自由的。如果一項道德行為能夠依據這個觀點而被稱為自由，那麼這個道德行為才是我的行為。關於這點我們考量過，一項蓄意的行為，需要些什麼條件，才能夠被視為是自由的？還有，這個純粹從道德角度所理解的自由觀念，要怎麼在人的身上實現？這些之後我們會討論到。

出於自由的行為，並不排除道德規範；即使行為包含道德規範，但它的位階還是比受規範約束的行為更高級。然而，為什麼當我的行為是出自於愛，而不是將大眾利益視為我的責任時，我的行為就不算是為了大眾利益著想？緣此，單純的責任概念，是將自由排除在外的，因為它不認可個體性元素，而是要求這種元素應該臣服於一個普遍的規範。所以，**只有從倫理個體論的觀點，才能理解行為自由**。

但是，假如每個人只追求主張自己的個體性，人類怎麼會有社會生活呢？這種反駁就是對道德主義誤解的特徵。倫理學家相信，唯有所有人類都被一個共同的、固定的道德秩序統一時，才可能出現社會群體。這是倫理學家未理解到觀念世界的單一性，他不了解在我內在運行的觀念世界，就是在我的同類內在運行的觀念世界。

無可否認地，這個單一性就是實踐經驗的結果。事實上，這個觀念世界也不可能是其他東西，因為如果我們可以用除了觀察以外的其他方式來知道它，那麼作為規則，就會是在它自己範圍裡的普遍性標準，而不是個人經驗。

唯有每個個體都能僅憑個人觀察來了解別人時，才可能有個體性。我和我的同類不一樣，並非全然因為我們生活在兩個截然不同的心靈世界裡，而是因為我們從一個共同的觀念世界裡得到了不同的直覺。他想活出他的直覺，我想活出我的直覺，如果我們的構想真的都出自於觀念，而且不受到任何外在刺激（身體或心靈上的）的誘發去行動，那麼我們就一定會在類似的奮鬥與共同意圖中交會。只有在道德上不自由的人（他們追隨其天生本能或遵守公認的義務），才會和周遭的人發生衝突——如果這些人不服從和他們一樣的天性和義務的話。

活在對我們行為的愛裡，也由於理解他人意志，而讓別人好好活著，這是自由人類的基本準則。他們所知道的義務，就只有在直覺與意志上一致的事物，至於他們在某個特定的情況下，要怎麼引導他們的意志，要留給觀念的機能去決定。

如果彼此之間相處融洽，不是人類天性裡一個基本的部分，便不可能有外在法則將它移植到我們身上，只因為人類個體在心靈上是合而為一的，如此他們才能攜手活出自己的生活。**自由的人堅信自己和其他自由的人屬於同一個心靈世界，他們的意念會和諧一致，他們不需向同類求得協議，而是會期望自然地發現它，因為它是人類天性裡與生俱來的。**我在此指的，不是什麼外在制度的必然性，而是性格，靈魂的態度，一個人憑著它——覺察到在同類中的自己——能夠十分明確地表達出人類尊嚴的思想。

許多人會說，我在此闡述的自由人概念只是一種妄想，實際上根本不可能；我們和真實的人類是有相關性的，假如他們遵守某種道德規範（也就是說，假如他們把遵守道德規範視為一種義務，而且不能自由地追隨他們的意向和愛好），我們就只能從他們身上期望道德。對此我毫不懷疑，因為只有盲目的人才會這麼做。

但是，假如到此已經是最終的結論，就拋開所有這些道德上的虛偽吧！那麼，我們可以說，只要人類天性不是自由的，它必定是受到驅策而從事其行為。從某個觀點來看，一個人的不自由無論是否由物理工具或道德規範強加於他，無論是否因為他是追隨自己無限制的慾望而不自由，或是因為受到傳統道德的約束而不自由，根本無關緊要。因此我們了解，他是受到個人之外的力量所驅使，而去從事他的行為，因此不斷言，這種人能夠適當地把他的行為稱為是他自己的行為。

但是，在這個強制力的架構當中，出現了讓自己在一堆雜亂的習俗、法典、宗教儀節等等之中，也能成為擁有自由心靈的人。只要他們只遵從於自己，他們就是自由的，而只要屈服於控制，他們就是不自由的。我們之中有誰能說，他所有的行為都是真正自由的呢？然而，在每個人身上都有一個更深藏的本質，可以讓自由的人從中表現出來。

我們的生活是由自由和不自由的行為構成的。**不過，要是沒有人類天性最純粹表現的自由心靈，我們便無法完整地思考出人的概念。的確，唯有我們是自由的，我們才是有真實意義的人。**

◆ ◆ ◆

許多人會說，這是一種理想。這毫無疑問，不過，這種理想是一個在我們身上設法達到本質層面的真實元素。

理想並不是只有想像或夢想就好，它是有生命的，它會明確地自我宣示，即使是處在最不完美的時候。假如人類只是自然的創造物，那就不會有追尋理想（也就是說，一個構想在當下是沒有作用的，但它需要實現）這種事情。

對於外在世界的事物，觀念由知覺印象來決定；當我們看出觀念和知覺印象之間的關係時，我們就已經做好了份內之事。但是，就人類而言便不是如此，在人類存在的總合決定中，並非全然沒有自我，他身為道德存在體（自由心靈）的真實概念，並未一開始就與「人」的知覺圖像（需要藉著知識來確認）結合在一起。人必須以他自己的活動，將他的概念與人的知覺印象結合起來，在這個情況下，只有人自己讓概念和知覺印象同時發生時，它們才會同時發生。然而，只有發現到自由心靈的概念，也就是說，如果他發現了他的自我概念，他才能做到這一點。

在客觀的世界裡，我們的組織在知覺印象和概念之間劃了一條分界線，但知識克服了這個區隔。在我們主觀的本質中，這層區隔消失了，因為人在發展的過程中，藉著將他的自我概念表現於他的外在存在而克服了它。所以，把人引導到他的雙重本質——知覺（直接經驗）和思維——上的不只是人的智性生活，還有他的道德生活。智性生活憑著知識克服這個重雙本質，而道德生活憑著自由心靈的真正實現，來克服它。每一個存在的事物都有其固有概念（存在與作為的法則），但在外在客體上，這個概念與知覺印象密不可分，只有在心靈組織裡才能與它分開。在人身上，概念和知覺印象一開始時確實是分開的，有待人確實地把它們結合在一起。

也許會有人反駁：一個人生命中的每一刻，都有與他自己的知覺印象（就像對其他每件事物的知覺印象一樣）相應的明確概念。我能夠為自己形成一個特定類型之人的概念，而且甚至會發現，我得到的是我對這個人的知覺印象。如果現在我在這個概念裡加上一個自由心靈，那麼對於同一個客體，我就有兩個概念。

這樣的反駁只是一面之詞，必須明白，**由於我是具有知覺能力的客體，所以我會不斷地遭遇變化，小時候我是一個孩子，然後是青少年，然後是成年人**。的確，我每一刻的知覺圖像都與前一刻不同，而這些變化的發生方式，在變化中出現的一直是同一（類型的）人，或者是，這些變化表示了一個自由心靈的展現。而由於我是具有知覺能力的客體，所以我的行為會順應這些變化。

知覺目標「人」本身含有轉化自己的可能性，就像植物種籽含有變成整株植物的可能性一樣。植物轉化它自己，是基於它與生俱來的定律；除非人類把握住他內在用來轉化的素材，並且透過自己的力量轉化自己，否則他會一直停留在這個未完成的階段。**大自然所創造的人純粹是一種自然的生命，而社會讓人成為遵守規範的生命，只有他自己可以讓他成為一個自由的人**。在人類發展到一個明確的階段的時候，大自然放開她對人類的束縛，由社會接手下一個階段的發展，而最後的精鍊可以由人類自己來完成。

所以，自由道德的觀點並未論斷說，自由心靈是人類能夠存在的唯一形式，它在自由心靈方面只檢視了人類進化的最後階段。但這並不是在否定，依據規範的行為是進化過程中一個合理的階段，只是我們無法認可它是道德方面的絕對觀點。因為，自由心靈不只接受戒律作為動機，而且也依據衝動（直覺）去吩咐自己的行為，他就是以這樣的方式來克服規範。

當康德說到責任時：「責任呀！你的名字崇高顯赫，你不具備令人歡欣喜愛之事，只是要求眾人順服於你。……（你）訂定規範……在此規範之前眾聲俱寂，即便有人竊行反抗之事。」[28]然後，出於自由心靈的自由意識，人類回應道：「自由！你的名字仁慈和善，你具備所有在道德上最令人喜愛之事，所有我身為人最珍視之事，令我不做任何人之僕役，你所訂定的不是單純的規範，而是我道德之愛最期待、將視之為規範的東西，因為在每一個強制性的規範之前，它都覺得不自由。」

這就是以單純的規範為基礎的道德，和以內在自由為基礎的道德之間的對照。

在外在的法典中，看見道德化身的庸俗之人，也許會在危險分子身上看到自由心靈，但這只是因為他的目光縮限在一段有限的時間裡，如果我們能將眼光放遠些，他會立刻發現，自由心靈就像庸俗之人本身一樣，不需要常常超越國家律法，所以當然不需要讓自己處在一個與規範對立的地位。

就國家律法而言，就像其他所有的道德規範一樣，每一條規定都來自於對自由心靈的洞察。沒有家族權威者會執行不曾是祖先經洞察領悟，然後才定成規範的制度；同樣的，道德的傳統規範最初是由一些有地位的人所制定的，而國家律法必定是由一國之首長創立，都是由帶有領袖特質的人創立律法來管理其他人。

只有覺得不自由的人才會忘記這個根源，而且不是把這些律法變成外在於人類的戒律（獨立於人之外、關於責任的客觀道德概念），就是基於某種神秘信念，而誤以為它們是自己內在的指揮之音。

另一方面，未忽略這個根源、並在其中探索人類的人，會把這樣的律法所屬的觀念世界，視為他從中獲取道德直覺的同一個觀念世界。如果他相信有更好的直覺，他會試著把它們和現有的直覺放在一起，如果他發現這些直覺很適當，他會根據它們而行動，就好像它們是他自己的一樣。

我們千萬不能杜撰這樣的準則：人的存在只是為了領悟一個與他自身截然不同的道德世界秩序。任何秉持這種觀點的人，他對人的知識仍停留在自然科學相信「一頭公牛長角

28 《實踐理性批判》，第二章。

是為了鬥角」的階段。科學家把目的概念當作已死的理論巧妙地拋開，不予考慮。倫理學發現，要免除這種概念頗為困難，就像牛角並非為了鬥角的原故而存在，而是鬥角因為牛角的存在而出現，人也不是為了道德的原故而存在，而是道德因為人的存在而出現。

自由的人舉止有德，因為他具有道德觀念，他不是為了讓道德誕生而有所作為。因此，人類個體（道德觀念是其天性）是道德世界秩序的必要條件。

人類個體是所有道德的根源，也是俗世生活的中心，國家和社會之所以存在，是因為它們的產生是個體生活的必然結果。國家和社會反過來影響個體生活，不比「鬥角是牛角存在的結果，卻反過來影響公牛角的發育（長期不用會阻礙發育）」更難理解。相同的，如果一個人離開人類社會而獨居，那麼他的發展也會受到阻礙。的確，這就是社會秩序產生的原因，這樣它才能反過來對個體產生有利的影響。

第十章／自由——哲學與一元論

樸素實在論者只承認他能夠用眼睛看到、用手掌握住的東西為真；行為有所依據，是他道德生活的必要條件，所以他需要有人或有什麼東西，以他在觀念上能夠理解的方式，來告知他行為的依據。

他隨時可以讓這個行為依據，由他認為比他更有智慧、更有權威，或他承認對他有管理權的任何人，傳給他作為規範。在此條件下，便產生了前述的家庭、國家、社會領袖、教堂或神啟的權威人士的道德原則。

思想狹隘的人會對某一人展現忠誠；思想開明的人，會讓他的道德行為受到多數人（國家、社會）的約束，而其道德行為所依據的，必定是他所建立的可感知力量。而最後意識到「這些力量基本上都跟人類一樣脆弱」的人，會朝更高的力量——神，尋求指引，而且他會賦予這個神一個感官可察覺的形象。

他認為，這個神把道德生活的概念內涵傳達給他，同樣是以一種可察覺的方法，舉例來說，**也許是神現身於燃燒的荊棘中，或以人的形體在人群中走動，然後人們用耳朵聽到神告訴他們什麼要做、什麼不要做**。

樸素實在論在道德方面發展的最高階段是，道德規範（道德觀念）是和除了自己以外的每一個人分開的，而且假定地被認為是一個人內在生活的絕對力量。這個力量一開始被人類拿來當作神的外在聲音，現在被拿來當作他內在的獨立力量，而且提及這個聲音之時，總是以良知來定義它。

但如此一來，他就超越了樸素實在論的意識階段，而進入了「道德規範已變成獨立存在的標準」層面。在那個層面上，道德規範不再由真實的承擔者背負，而是變成了一種抽象實體，類似於形上實在論無形的「可見力量」——形上實在論不透過人在其思維中所具有的現實部分來探索現實，而是假定地把現實附加到實際的經驗裡。

這些超乎於人類的道德標準，往往以形上實在論的隨附特色出現，因為形上實在論必定是在超乎於人類的現實層面中，去探索道德的根源。

這裡有幾種可能性，如果，假設的實體被認為（就像唯物論所主張的）在本質上是不思考的，並且根據純粹的機械定律而行動，那麼它必定也基於純粹的機械必然性，從它自身創造出具備所有特質的人類個體。如此一來，這個自由意識除了假象以外，就什麼也不是了，因為雖然我自認為是行為的創造者，但在我內部運作的，其實是組成我的物質和它內在的持續運動。我相信自己是自由的，但事實上，我所有行為都只不過是構成身心組織基礎物質的歷程結果。有人說，我們擁有自由的感覺，只是因為我們不曉得驅策我們的動機的存在。

我們必須強調，自由的感覺是由於缺乏外在的驅策動機……我們的行為就跟我們的思維一樣，是出於必然性的。[29]

◆ ◆ ◆

另一個可能性是，一個人可以想像隱藏在世界表象之後，作為心靈存在體、超乎於人的絕對性。就這個情況而言，他也會在相應的心靈力量中，探索引發他行為的衝動，他會把自己理性中待發現的道德原則，視為這個存在體自身的表現，而且這個存在體具備跟人類有關的特別意圖。

對於這種二元論者，道德規範顯然是由此絕對存在體來支配的，而人類所要做的一切，就是利用他的才智，去找出這個絕對存在體的決定，然後付諸實踐。

道德世界的秩序在二元論者看來，是站在它身後一個更高秩序的（可察覺的）倒影，世俗道德是超乎於人的世界秩序的表現形式，在這個道德秩序中，重要的不是人，而是存在體自身，也就是超乎於人的實體。人會做的，就是這個存在體想要做的。

愛德華．馮．哈特曼把這個存在體想像成一種神格，這個神格的實體，就是一場受苦受難的人生，他相信這個神性的存在體創造世界，是為了豁免於祂的無限受苦。因此，哈特曼認為人類的道德發展，是得到神的救贖的歷程。

具有自我意識的智性個體，建立起了道德世界的秩序，唯有藉此，世界歷程才能被引導朝著它的目標而前進。真實的存在是神格的化身，世界歷程是神格化身的熱烈情感，同時也是祂以肉身遭受折磨而取得救贖的方式。然而，道德是縮短這個苦難和救贖道路的協同手段。[30]

在這裡，人不因為他有欲望而去做，而是因為他必須去做，因為得到救贖是神的意志。唯物二元論者眼中的人是機器人，其行為只是純粹機械系統的結果；唯心二元論者則把人視為絕對意志的奴隸，這種人把絕對性（存在體自身）視為某種心靈方面的東西，人在那方面是沒有意識經驗的。

於是在唯物論中，自由根本不可能，而在偏向一方的唯心論中也是如此，事實上，在

29 西奧多．齊恩《生理心理學指南》，第一版，二〇七頁。我在此對「唯物論」的說法和我這麼說的正當性，請參考本章的補充。

30 哈特曼《道德意識現象學》，八七一頁。

任何把超乎於人的某種東西、不經過體驗的確認而直接推論為真正現實的形上實在論中，都是如此。

始終貫徹到底的形上學和樸素實在論，必定是基於同一個原因而否定自由：人與其說是做，不如說是實行或執行由必然性強加於他身上的原則。樸素實在論摧毀自由之說，在它眼中的人，是屈從於一個可察覺的存在體的權威，或根據可察覺的存在體所構想出來的權威，甚或是抽象的內在聲音（它解讀為「良知」）的權威；而形上學家無法認可自由，是因為他認為人的行為是受到「存在體自身」機械式或道德上的決定。

◆ ◆ ◆

一元論必須承認，樸素實在論有部分是對的，因為它承認知覺世界的正當性。沒有能力憑直覺創造道德觀念的人，必須要從他人那兒接受這些觀念，而只要一個人將外在道德原則接受成為自己的，他就是不自由的。

一元論重視這個觀念就像重視知覺一樣，而且這個觀念可以在人類個體身上表現出來。只要人能夠追隨來自於這方面的衝動，他就覺得自己是自由的。

一元論否定所有形上學的正當性，因為形上學僅僅做出推論，所以也必然否定行為衝動（源自於所謂的「存在體自身」）的正當性。

根據一元論的觀點，當人遵從某種可察覺的外在強制力時，他的行為可說是不自由的；而當他除了自己以外不遵從任何事物時，他便能夠自由地行動。

然而，一元論無法看清隱藏在知覺和概念背後任何無意識的強制力，如果有任何人主張人的行為是不自由的，那麼他就必須指出，在這個可察覺到的世界裡，導致那個人行為的東西或人或直覺。而且，假如他對行為原因所主張的根據，存在於對感官和心靈來說為真的世界之外，那麼一元論根本不可能注意到它。

所以，根據一元論的觀點，人的行為是部分自由、部分不自由的。他發現自己在知覺的世界裡是不自由的，但他能意識到內在的自由心靈。

只憑著推論的形上學者，必定將道德規範視為來自於一個更高階的力量，而且認為道德規範是人類的思想（相對於一元論的擁護者來說）；對他而言，**道德世界的秩序既不是純機械式自然秩序的印記，也不是超乎於人的世界秩序的印記，而完完全全是人的自由創造。它不是人必須去執行、外在於他的某個存在體的意志，而是他自己本身的意志，他執行的是自己的決定和意圖，而不是其他存在體的決定和意圖。**

一元論並未看到人類行為背後一個最高指導原則的目的（這個最高指導原則不屬於他本身，且根據其意志去決定他的行為），而僅僅看見人類只顧著追求他們自己人性的目的，這是就他們所理解的直覺觀念而言。

再者，每個個體追求的是他自己的特定目標，因為觀念世界不是從一群人身上表現出來，而是從人類個體中表現出來的。然而，一整群人的共同目標，是個別成員意志的個別行為的結果，事實上，人們遵循的通常是少數了解的人（如當權者）的意志結果。**每個人都有意成為自由心靈，就像每一個玫瑰花苞都會開成玫瑰花一樣。**

那麼，**一元論在真實道德行為的層面上，便是一種自由哲學。**既然它是一種現實哲學，所以它有多完全接受樸素實在論者的自然法則和歷史性限制，它就有多完全排斥自由心靈抽象、不實際的限制。因為它不認為人是一種最終產物，在人生中的每一刻都在揭露著他全部的本質，所以它認為關於「人就其身分而言是否為自由的」爭論，是沒有結果的。它在人身上看到了一個發展中的存在體，然後問道：在這個發展過程中，是否能達到自由心靈的階段？

一元論知道，人類在離開大自然的臂彎時，已經不是一個自由心靈，而是大自然把人引導到某個階段後，他仍然以一個不自由的存在體繼續發展，直到他發現「自我」。

一元論很清楚，在物質或道德強制力之下行動的存在體，不可能是真正的道德存在體，它把慣性行為（遵循自然驅策力和本能）和順從行為（遵守道德規範）的層面，視為道德的必然預備階段，但它也了解，自由心靈是可以克服這兩個暫時性階段的。

一元論將真正的道德世界觀，從樸素道德準則的世俗桎梏和思辯形上學的先驗道德準則中解放出來，但一元論不能把前者從世界上消除，就像不能消除知覺一樣；它排斥後者，是因為思辯形上學為解釋世界現象所找到的所有原則，都在這個世界之內，沒有一個在世界之外。

正如一元論拒絕考慮除了適用於人類以外的知識原則（見第七章），也斷然拒絕考慮除了適用於人類以外的道德準則。人類道德，就像人類知識，是經由人類本質調整過的。而且，正如屬於另一個秩序的存在體對知識的理解，和我們對知識的理解，在意義上來說，是大相逕庭的，跟我們有不同道德標準的其他存在體也是如此。道德對一元論者來說，是一種人類專屬的特質，而心靈上的自由對他來說，是修成道德的人性方法。

作者的補充，一九一八

1. 一個人在對前兩章做出評論的時候，可能會因為要面臨矛盾而產生困難。一方面，我們提到思維的經歷，覺得它有普遍的重要性，這對於每一個人類意識來說同樣有效；另一方面，我們已證明在道德生活中實現的觀念，以及在思維中被詳盡敘述的同類型觀念，在人類意識中，是以迥然不同的方式表現出來。對於這種「矛盾」的對立，假如我們沒有辦法跨越，而且假如我們不了解，人類本質的一部分就存在於對這個實際存在的矛盾認知裡，那麼我們便無法真正了解知識的觀念或自由的觀念。有些人認為他們的概念，僅是從感官可察覺的世界裡抽取出來的，而且不讓直覺發揮應有的作用，對於那些人來說，這個想法（在此主張為現實）必定「就是一種矛盾」。

如果我們真的了解觀念在其獨立自主的本質中，是怎麼被直覺地體驗，就會很清楚在知的行為中，觀念世界邊緣的人如何活出對所有人來說都一樣的東西。但當他從這個觀念世界裡發展出意志行為的直覺時，他就是用在心靈觀念知的歷程中被他當作普遍人類活動，來執行的相同活動，將這個世界的一部分個體化。在認知觀念的普遍本質和道德觀念的個體本質之間的合理矛盾，正是當我們在現實中看到它時，它便變成活生生的概念的那個東西。能夠被直覺理解的東西，在人的內在，就像一個運作中的鐘擺，在普遍有效的知識和他的個體經驗之間來回擺盪，這是人類本質的一個特點。對於那些無法在擺盪的現實裡看到它另一半的人來說，思維仍然只是一種主觀的人為活動；對於無法理解另一半的人來說，在思維中的人為活動，似乎喪失了所有的個體生活。

就第一種思維者而言，知的行為是難以理解的事實；就第二種思維者而言，它是一種道德生活。兩者皆會對這一種或另一種，在解釋上提出各式各樣的想像，但所有的想像都同樣的沒根據，不是因為他們完全未能領略（思維事實上是可以被體驗的），就是因為他們把思維誤解為一種純粹抽象化的活動。

2. 我在本書中提到了唯物論，我很清楚有些思想家（像是前述的齊恩）根本不把自己稱為唯物論者，但根據這本書所提出的觀點，仍必須這樣子來描述他們。其重點不在於某個人有沒有說過，這個世界對他而言並不限於物質性的存在，因此他絕不是唯物論者；重點在於，他有沒有發展出只適用於物質存在的概念。說「我們的行為就像我們的思維一樣必要」的任何人，是在暗示一個只適用於物質歷程的概念，並不適用於行為或存在體；而且，假如他把概念徹底思考一遍，他就無可避免地做了唯物主義觀點的思考。若他藉由同樣前後矛盾的方法這麼做，往往起因於沒有把他的想法徹底思考一遍。

常常有人說，十九世紀的唯物主義在今日的知識圈已經過時了。但事實上，這說得一點兒也不對，是現今的人們未注意到，除了具有能夠用來處理物質事物的觀念外，他們根本沒有其他觀念。近年的唯物主義隱晦，但在十九世界前半它是一門顯學，而在以心靈去領略世界的觀點上，今日隱晦的唯物主義偏狹程度，並不亞於上一世紀自承偏狹的唯物主義。但是，它欺騙了許多人，那些人認為他們有資格去拒絕一個在科學觀點「早已棄置的唯物主義」的基礎上，將心靈納入考量的世界觀。

第十一章／世界的目的與生活的目的

在人類心靈生活的諸多潮流中，有一種要跟隨的潮流，可以說是在非其所屬的層面上去克服目的的概念。

目的性是一種特別的現象次序，然而，相較於先發生者決定後發生者的因果關係，只有在相反的情況下，亦即後發生者會影響先發生者時，真實的目的性才真的存在。

首先要明白，這只會發生在人類的行為中。例如，**一個人做了一個之前已創造過心智圖像的行為，而且讓這個心智圖像決定了他的行為**。所以，後者（行為）是在心智圖像的協助下影響了前者（行為者）。因此，如果要有一個目的性的關聯，這種憑著心智圖像的迂迴絕對是必要的。

◆ ◆ ◆

在一個可分解成**原因**和**結果**的歷程中，我們必須把知覺印象和概念區隔開來。必須明白，原因的知覺印象先於結果的知覺印象；假如我們無法藉著它們相應的概念，來把它們彼此結合起來，原因和結果在意識裡就是並行的，但結果的知覺印象一定要緊緊跟上原因的知覺印象。

假如結果對原因真的具有影響力，它也只能憑著概念因素而做到，因為結果的知覺因素並不存在於原因的知覺因素之前。

主張開花是樹根的目的——也就是說，前者影響後者——的任何人，只能由他的思維所成立的開花因素來主張，因為在開始有樹根的時候，開花的知覺因素尚不存在。

一個目的性關係的存在，不只需要有一個觀念（後者與前者間由定律決定的關係），而且結果的概念（定律）還必須真正影響到原因，也就是要憑著一個可察覺的歷程。然而，**一個概念對某物的可察覺影響，只能在人類行為中觀察到**，所以這是唯一適合目的概念的層面。

樸素意識只將可察覺到的視為真實，而在它企圖（如之前一再指出的）採用的可察覺元素裡，我們只能找到觀念元素。而在事件的可察覺過程中，它會尋找可察覺的關聯，若是找不到，它便自行創造。

對主觀行為有效的目的概念，是很適合這種被創造出來的一項關聯元素。樸素實在論者知道他要怎麼讓一個事件發生，然後他從這個發生的事件去推斷，自然也會以同樣的方式去做。在與自然的關係裡（純粹觀念性），他發現到的不只是無形的力量，還有無形的真實目的。

人類依據其目的去製造工具，樸素實在論者就會讓造物者依照同樣的製程去創造生物。這個關於目的的錯誤概念，從科學中消失得太慢，即便到了今天，在哲學上它仍然造成了很大的損害，人們仍然在詢問超越現實的世界目的、人類命運的安排（當然還有他的目的）等等。

一元論者則在各個方面都排斥目的概念，但唯有人類行為是例外，因為他尋找的是自然的法則，而不是自然的目的。

自然的目的跟不可察覺的力量（見第七章）一樣，是一種武斷的假定，但從一元論的觀點來看，即便是不由人自己設定的生命目的，也是不正當的假定。除了人已經先依目的做好的設定外，沒有什麼是有目的性的，因為唯有透過觀念的實現，才會產生目的性。從實在主義的觀點來看，觀念唯有在人身上才會起作用。因此，人類生命只能擁有人所賦予的運命目的和安排。

對於「人在生命中的任務是什麼？」這個問題，就一元論而言，只可能有一個答案：他為自己設定的任務。因此，我在這世界上的使命並非預先決定的，而是為自己做選擇的那一刻才決定，所以我並不依照固定的行進秩序，去展開自己的人生旅程。

只有人類才會有目的地實現觀念，因此，是不能夠透過歷史來談論具體觀念的，所有像是「歷史是人類走向自由的發展史」或「……道德世界秩序的實現」等從一元論的觀點所說的話，都站不住腳。

◆ ◆ ◆

只要自然中蘊含天性，否定目的便是愚昧的。

正如人體四肢的形成，並非由這個肢體的空泛觀念來決定及設下條件，而是由肢體與較大的完整部分——也就是肢體所屬的身體——的關係去決定，所以每個自然物體的形成，不管是植物、動物或人類，都不是由空泛的觀念，來決定和設下條件，而是由自然整體——它會有目的地顯露及組織自己——的形成原理來決定。[31]

在同一冊的一九一頁我們讀到：

目的論只是主張，不管這種道德生活多麼千辛萬苦，都有一種高度的目的和計畫，明

31 《意志的原子論》，第二冊，二〇一頁。

明白白地存在於自然的形成及發展中——然而，某種程度的計畫和目的性，唯有在自然定律的限度內，隨著它們不盡如人意、但實在無可避免的過渡階段才能實現，而且它的目標不是愚人心中無需面臨死亡和腐朽的天堂。

當目的概念的反對者費力堆起聚集，由部分或完整、想像或真實適應不良所形成的垃圾堆，對抗著整個世界的目的性奇蹟（自然界在其所有領域中所展現的奇蹟）時，我認為這古怪的像……

這裡的目的性指的是什麼？是形成整體的知覺融貫性。但是，由於在所有知覺的基礎上，有許多憑著思維去發現的定律（觀念），所以知覺整體各部分的系統融貫性，就是這個知覺整體所包含的觀念整體，及其各部分的觀念融貫性。

說一隻動物或一個人並非由空泛的觀念所決定的，是一種誤導性的說法，而且一旦正確地表達之後，被貶抑的觀點的荒謬之處也就自然而然煙消雲散。一隻動物當然不是由一個空泛的觀念來決定的，它無疑是由其內在固有的觀念和構成它存在的定律來決定。

正因為觀念並不存在於物體之外，而是存在於它內在的本質裡，所以我們才無法論及目的性。

否定自然存在體是由外在決定（在這個背景下，是否由空泛的觀念或存在於創造者心智世界創造物之外的觀念來決定的，並無關緊要）的人必須承認，這樣的存在體並非由外在的目的和計畫來決定，而是由內在的原因和定律來決定。

如果我把一部機器的各部分以人工方式連接起來，那我就是有目的地去建造一部機器。這個事件的目的性就在於，我將機器的運作原理具體化，把它從觀念變成一部機器，於是機器就變成了一個帶有跟它相應觀念的知覺對象（客體）。

自然物體也屬於這種實體。

任何人因為一個東西根據某個定律而形成，於是有目的地稱呼它，如果他想的話，可以用同樣的方式為各種自然物體命名。但是，他千萬不能把這種合法性和主觀的人類行為的合法性混淆在一起。

目的的存在，其絕對必要的條件是，讓有效原因成為概念，而且是結果的概念。但在性質上，我們沒有辦法指出作為原因的概念；概念總是變成連結因果的觀念鏈接環，而原因只以知覺印象的形式存在於自然中。

二元論也許會論及世界性的目的和自然的目的。只要對於知覺來說，因果關係具有系統性的聯繫，二元論者也許會假定，我們看到的只是一個關係的複製品——在這個關係中，純粹的宇宙存在體已經實現了它的目的。但就排斥純粹宇宙存在體（從未經歷，只是假設性地推論）的一元論而言，世界上和自然中根本不存在所謂假定目的的基礎。

作者的補充，一九一八

凡是以開放的心胸去看前項論述的，沒有人會推斷說，從排斥超乎於人的目的概念來看，筆者所支持的思想家，因為排斥這種概念，而使自己將外在於人類行為的每件事物（以及人類行為本身），都視為只是一個自然過程。

筆者在這個事實的保護下，不該受到那樣的批評，因為在本書中，思維歷程是純粹心靈性的。

如果連置於人類行為之外的心靈世界都排斥目的概念，那是因為在那個世界中所揭露的事情，比人類領域中所實現的那種目的更高階。當我們說「人類的重大命運是按照人類的目的去塑造的」這個想法是錯誤的，指的是，**個體性賦予他自己的目的，而人類整體運作的結果，是這些目的的混合。那麼，這個結果就是比它各個組成部分都更高階的東西，即人類的目的。**

第十二章／道德遐想

一個自由的心靈會依據他的衝動而行事，也就是說，依據從他的觀念世界裡由思維所選擇的直覺來行事。

就一個不自由的心靈而言，他會從觀念世界裡選出一個特定直覺作為行為基礎的原因，就存在於他的知覺印象世界中——也就是在他過往的經驗裡。在做出一個決定前，他回想起在類似的情況下，有人曾經怎麼適當地做過或建議過，或是神曾經示意過在這樣的情況下該怎麼做，於是他便照著做。

而就一個自由的心靈而言，之前的種種情況並非行為的唯一刺激，他所做的完全是第一手的決定。別人在類似的情況下曾怎麼做，如何決定，對他來說，都無關緊要。他只是就純粹觀念上的理由，引導他從所有的概念裡選擇出一個特定概念，然後把它轉化成行動，只是他的行動屬於可察覺的現實。因此，他所達成的事情，會與一個相當明確的知覺內容一模一樣。

概念必定是出現在一個具體發生的事件裡，但作為一個概念，它無法涵蓋這個特定的事件。它要和一個事件產生關聯，就像一個概念和一個知覺印象產生關聯的方式一樣，舉例來說，**獅子的概念和一頭特定的獅子**。概念和知覺印象之間的連繫就是心智圖像（見第六章）。

對不自由的心靈而言，這個連繫從一開始就有的。一開始，動機以心智圖像的形式出現在他的意識裡，只要他想執行某件事情時，他做得就像他已經看到它做好了一般，或是他已經被告知用什麼特定的方式去做。所以，管理者靠著榜樣——也就是說，靠著提供相當明確的特定行為，給不自由心靈的意識——做得最好。

因此，一個基督徒的行為與其說是依據教導，倒不如說是依據救世主的榜樣。也就是說，規範在正向行為上的價值，還不如它在約束某些行為上的價值。法律只有在禁止行為而非規範行為時，才會採取一般概念的形式。所以，關於規定一個人不該做什麼的法律，必須以相當明確的形式布達給不自由的心靈：清理你門前的街道！到X稅務局繳交這裡所列總額的稅！等等。而屬於禁止行為法律的概念形式，如禁止偷竊、禁止通姦等法律，也都是藉著具體的心智圖像，如適當的世俗懲罰、良心的譴責、或永恆詛咒的心智圖像等等，影響著不自由的心靈。

每當行為的衝動或刺激，以一般概念的形式呈現出來時（例如，要設身處地為人著想、應該安居樂業以促進健康幸福等等），那麼在每一個特定情況中，最先發現到的，必定是行為的具體心智圖像（概念與知覺內涵的關係）。對不受任何榜樣激勵，也不擔心懲罰的自由心靈來說，將概念變成心智圖像的這種轉換，是必須的。

人主要是藉著想像，從他的全部觀念中創造出具體的心智圖像，因此，**自由心靈為了實現觀念、為了效率的需要，就必須做道德遐想，這是自由心靈的行為根源。所以嚴格說來，只有具備道德遐想的人，在道德上才是有產能價值的**。只是鼓吹道德倫理的人——也就是說，僅指出道德規範，卻無法將它們變成具體的心智圖像——在道德上是沒有產能價值的。他們就像那些能夠十分清楚解釋哪種藝術品應該怎麼樣，但本身卻一點創造能力都沒有的評論家。

為了實現其心智圖像，道德遐想必須從一個明確的知覺印象層面著手。然而，人類行為並不能創造知覺印象，而是將已經存在的知覺印象轉化，並且賦予它們新的形式，而為了能夠依據道德心智圖像，將一個明確的知覺目標或這類目標的總和，轉化成想賦予的新形式或新方向，就必須領略知覺圖像內部的運作原理，也就是它一直以來的運作方式。

更進一步的說，我們需要找出它用來將既有原理改變成新原理的程序。這部分的有效道德活動，取決於與個人有關的特定現象世界的知識。因此，通常要在某個學科分支裡尋找它。

那麼，除了具備道德觀念（道德直覺）和道德遐想的機能，道德行為還要以一種能力為前提：轉化知覺印象的世界，卻不破壞連繫這些知覺印象的自然法則[32]。這種能力稱為**道德技術**。

學習道德技術的方法，跟學習其他任何知識都一樣。一般說來，比起有效的進化發展，人類更能夠利用他們的遐想（尚不存在的未來行為）去找出現存世界所需要的概念。所以，缺乏道德遐想的人去接收來自他人的這種心智圖像，然後巧妙地運用技術將它們具體呈現於真實世界中，是絕對可能的事情。相反的，可能有人具備道德遐想的能力，但缺乏方法技巧，那麼，他們就必須利用他人來實現他們的心智圖像。

有道德的行為需仰賴行為上的目標知識，就此層面而言，我們的行為是取決於這種知識的。我們在此所涉及的是自然法則，因此所要處理的是自然科學，而不是道德倫理。

道德遐想和具備道德觀念的機能，只有在它們被個體創造後，才會變成知識目標。然而，到那時它們不再規範生活，因為它們已經做過了。它們現在必須被視為實際有效的起

32 在這一段和其他段落裡所用的「機能」一詞，只會看到一個很表面的批評，以致再次陷入古早心理學的靈魂機能學說中。若與第五章所談到的聯繫在一起時，這一詞彙的意義就非常明白了。

因，就跟所有其他的起因一樣（它們只對主體而言是目的），所以我們要處理它們，就像處理道德觀念的自然史一樣。

◆ ◆ ◆

道德倫理是一門制定規範的科學，除此之外，它無法以科學的角色存在。

有些人一直想維持道德規範的「制定」特性，就以飲食法觀點所了解的倫理道德而言，他們為了能夠用特定的方式去影響身體，而以生物體維持生命的需求為基礎，去推論出規則（如帕森的《倫理學原理》）。

但這樣的比較是錯誤的，因為我們的道德生活不能與生命體的生活相提並論。生命體各種功能的發生，不需要我們的任何行為，這個世界既定的法則就落在我們身上，只有在發現的時候才會去探索和應用。

另一方面，**道德規範是由我們所創造的**，**在創造出道德規範之前**，**我們無法將它們拿來運用**。但說到道德規範的內涵，一項錯誤隨著這個事實而發生了——道德規範並非每一刻都是新創造出來的，而是繼承來的。我們從祖先那兒接手的東西，顯然是被給予的，就像生物的自然法則一樣。但是，後面的世代必定不會像運用飲食規則一樣地運用它們，因為它們只適用於個體，而不通用於大眾（像自然法則一般）。

身為一個生命體，我是這麼普通的人類，如果我把我普通類型的自然法則運用到特定情況上，我便應該依據自然而生活，但身為一個道德存在體，我是一個個體，我具備了自己的法則[33]。

這個觀點看起來與一個稱為「進化論」的現代自然科學的基礎學說有矛盾，但只是看起來而已。

據了解，進化的意思是，出於前代的後代，依據自然定律的真實而發展。在生物的世界裡，據了解，進化的意思是，後代（較完美）生物形式是前代（不完美）形式的真正後裔，而且依據自然定律，是從前代發展而來。

這個生物進化論的擁護者真的應該自行想像，**他如果能夠在從前的地球上做個觀察**

33 當帕森（前述書籍第十五頁）說：「不同的自然天賦和不同的生命環境，都需要體質上和心靈道德上的不同飲食。」他很接近正確的觀點，但他遺漏了關鍵性的一點。就個體而言，我不需要飲食，飲食法意味著，以特定人群的一般法則，使其生活和諧的藝術，但就一個個體而言，我不是一般類型的人。

者，並且被賦予夠長的壽命，就會有一個存在體用眼睛看著原始爬行動物逐漸發展成現代爬蟲類。相同的，進化論者也應該自行想像，要是他能夠以無限長的時間，一直待在宇宙的一個適合地點，就會有一個存在體觀察到太陽系是「康德—拉普拉斯原始星雲」（Kant-Laplace primordial nebula）的發展。

由於這些心智圖像，原始爬行動物和康德—拉普拉斯原始星雲的本質，被考量的方式必定不同於唯物論者，但這件事在此是無關緊要的。不過，沒有進化論者會像作夢似的主張，即使他從未看過現代爬蟲類，他也能夠從他對原始爬行動物的概念中，得到具備所有特徵的現代爬蟲類概念，就像太陽系源自「康德—拉普拉斯原始星雲」的概念般不可能——如果這個原始星雲的概念，被認為僅由原始星雲的知覺印象直接決定。

換句話說，如果進化論者的思考要前後一致，他必定要主張後代的進化，一定是起因於前代的演化，以及一旦得到了不完美概念和完美概念，我們便可以看出其中的關係，但他絕對不該同意，從前代得到概念，就足以讓後代自行演化而來。

從這裡來看道德倫理的議題，雖然我們定然能夠看出後代與前代道德概念之間的關係，但我們無法從前代得到任何一個新的道德觀念。而且，身為一個道德存在體，個體會創造他自己的內涵。

就研究道德倫理的學生而言，創造出來的內涵——就跟現代爬蟲類對科學家來說是已知一樣——是一種已知的東西。現代爬蟲類是從原始爬行動物演化而來，但科學家無法從原始爬行動物的概念裡，得到現代爬蟲類的概念。後代道德觀念演化自前代，但道德倫理的學生無法從前代文明的道德概念裡，得到後代文明的道德概念。於是產生了混淆，因為**身為科學家，我們從眼前的事實著手，然後漸漸認識它們；但在道德行為中，我們會先創造之後才認識的事實**。

在道德世界秩序的演化過程中，我們要完成的是——在較低的程度上——自然會完成的事情：我們改變某種可察覺的事物。所以，道德標準不能像自然法則一樣從被認知開始，只能從被創造開始，只有在這個時候，它才能變成知識的目標。

但是，我們不能以舊物當作新物的衡量標準嗎？難道不是每個人都覺得有必要用傳統道德原則的標準，來衡量他的道德遐想產物？就道德產物而言，這就像「想用一個舊種類去度量一個自然中的新種類，並且說，因為爬蟲類與原始爬行動物不一致，所以它們是一個病態種類」一樣荒謬。

那麼，倫理個體論便不是站在與已知的進化論相對立場，而是直接從它產生出來的。恩斯特．海克爾（Ernst Haeckel）的系譜樹，下至單細胞動物、上至人類的有機體，都應當能夠在一致的進化中持續進行，而不受自然法則的干擾和中斷，而且也包含具有道德的個人存在體。

但是，後代物種的本質決不能從前代物種的本質推斷而來。個體的道德觀念以可察覺的方式，從祖先的道德觀念發展而來，而跟這個事實一樣真切的是：除非一個個體具有自己的道德觀念，否則他就是缺乏道德的。

我根據已知觀點所發展出來的相同倫理個體論，也可能源自於進化論，因為最終的信念是一樣的，只是前進的路徑有所不同。

透過道德遐想而出現的全新道德觀念，就進化論而言，就跟從舊物種演化出新物種一樣，不是什麼神奇的事。只是，作為一元論的世界觀點，在道德和科學上，這個理論必須排斥每一個先驗的（形上學的）影響，即每個理論只能被推論出來，但不能在觀念上受經歷的影響。如此一來，當理論在探索新有機體的起因時，才會依循引導它的那個原理，而不會引起超自然造物者的干擾，此造物者正是根據新的創造性想法，透過超自然的影響，去創造每個新物種。

正如一元論在解釋活性有機體時，沒有應用超自然的創造性想法一樣，不可能從原因中導出不存在於經驗世界的道德世界秩序。我們無法承認，憑著追溯到對道德生活的連續性超自然影響（上天從外在對世界的管理），或追溯到歷史上某個特定時刻的啟示行為（賜予十誡），或追溯到神在世間的現身（以基督），就能完全說明意志的道德本質。**透過這一切發生於人間和發生在人身上的，只有當它在人類經驗裡變成個體自己的東西時，它才會成為一種道德元素。**就一元論而言，道德歷程就像其他每個存在的事物一樣，是世界的產物，而且它們的起因必定要在這個世界裡——也就是在人的身上——尋找，因為人類是道德的承載者。

所以，倫理個體論是達爾文與海克爾奮力為自然科學建立起巍峨大樓的崇高標幟。

◆ ◆ ◆

任何想法狹隘的人，一開始就很專斷地把自然概念限制在一個有限的層面，他們也許很容易便推斷說，裡頭已經沒有自由個體行為的空間。然而，始終如一的進化論者不會被那麼狹隘的心胸困住，他不會讓進化的自然途徑隨著人猿而終結，並且讓人擁有「超自然」的起源。

在對人類自然祖先的探索中，他必定會探討心靈的本質，但同樣的，他無法中途停在人類的有機功能上，並且只把這些功能視為自然的事物，而是必須繼續將自由道德生活視為有機生命的心靈延續。

如果他要堅持他的基礎原理，進化論者便只能主張，道德行為的現有形式，是從世界上其他的活動形式演化而來；一**個行為的特性描繪，不管它是否是一個自由的行為，他都必須運用直接觀察來處理**。事實上他只主張，人是從還不是人類的祖先演化而來的。人類實際上是什麼，必須要由人類對自己的觀察來決定，只不過，假如觀察結果達到了排除世界自然秩序的程度，必然會與自然科學近來的趨勢產生矛盾。[34]

對於了解它自身的自然科學，倫理個體論沒有什麼好擔心的，因為觀察結果指出，**人類行為的完美形式具備了自由的特質，這種自由必定允許人的意志去實現純粹的觀念直覺**。這些直覺並非是受外在影響的必然結果，而是只起因於它們自己，如果有人發現某個行為是這種觀念直覺的影像，那麼他會覺得那個行為是自由的。也就是說，它的自由就存在於這個行為的特性裡。

從這個觀點來看，關於前面提到的兩個論點之間的區別（見第一章），我們要說的是：「自由的意思是，能夠做一個人想要做的事情」，以及「隨意渴望或不渴望，是自由意志信念的真實主張嗎？」

哈姆林恰好把這種區別當作自由意志觀點的基礎——聲明第一個論述是正確的，但第二個論述是荒謬的贅述。他說：「我能夠做我想要做的。但是，說我能夠想要我所想要的，是一種沒意義的贅述。」其意義在，我是否能夠去做（也就是說，轉化成現實）我所想要的（也就是我為自己確立的行為觀念），取決於外在的環境和我自己的技巧。**自由意味著，能夠依據自己的意願，以道德遐想去決定作為行動基礎的心智圖像（動機）**。假如我的道德觀念是由除了我以外的任何事物（機械過程或僅是推論而來的超越現世的神）來決定，我便不可能是自由的。換句話說，只有當我自己創造這些心智圖像（而非當我只能執行另一個存在體植入在身上的動機）的時候，我才是自由的。一個人能夠想做自己認為對的事物，他才是一個自由的存在體；一個人只能做他不想做的事，那他做事的推動力，必定出自於不存在於他內在的動機，這種人在行為上便是不自由的。所以，可以隨意想要一個人覺得對的或錯的事物，就意味著可以隨意的自由或不自由。

當然，這就像把自由理解為，有能力去做一個人被迫去做想要的事情一樣荒謬。但這

34 我們把想法（倫理觀念）說成觀察目標，是完全合理的。因為，雖然在思維活動期間，思維的產物不會同時出現在觀察的範圍裡，但它們之後會變成觀察目標。就是以這樣的方式，我們做到了對行為的特性描繪。

最後一點正是哈姆林所主張的，他說：「意志必定是由動機來決定，這是十分正確的，但說意志因此是不自由的，這就很荒謬了。因為我們不能夠渴望或設想比『按照個人力量和決心所做的自我實現的自由』更大的自由。」事實上，的確能夠！我們當然可以渴望更大的自由，而且這才是最真的真理：**去決定自己意志的動機**。

在某些情況下，一個人也許被誘導去放棄執行自己的意志，而允許別人吩咐他應該做什麼——換言之，想要得到別人（而非他自己）認為對的事情——這個人在這件事上的屈服程度，就是他覺得不自由。

外在力量或許會阻礙我去做想要做的事，那麼那些力量就是在迫使我一事無成或不自由，直到它們奴役了我的心靈，驅走我腦海裡的動機，然後把它們的動機放到我的身上，才真正地使我不自由。

基於這個原故，教會不僅堅決反對單純的做，而且特別反對不純粹的想法，也就是我行為的動機。假如，就教會而言，所有那些不是由教會明確宣布的動機，看來都是不純粹的，那麼教會就令我不自由。當教會或其他團體的傳教士或導師自許為良心的管理者，也就是說，當被迫的忠誠（去懺悔室）成為他們行為的動機時，那麼教會或那個團體就創造了不自由。

作者的補充，一九一八

在關於人類意志的這幾章裡，我指出了人類可以從行為中經歷的事情，如此才能透過他的經歷覺察到：我的意志是自由的。

尤其重要的是，**一項意志行為能夠被稱為自由的資格，來自於經由意志行為來實現觀念直覺的經驗**。這個經驗只會是一個觀察的結果，而它會如此的原因是，我們有一個「讓意志行為受到純粹觀念直覺支持」的目標，而我們在往這個目標發展的道路上，觀察著我們的意志。

這個目標是可以達成的，因為在觀念直覺裡，除了它自己獨立自主的本質外，沒有其他東西在運作。當這樣的直覺出現在人類意識中時，它的發展尚未超出那個生物體的歷程，而是生物活動退出，把空間讓給了觀念活動（見第九章）。所以，當我觀察一個屬於直覺影像的意志行為時，所有生物上的必要活動，也都會從這個意志行為中退出。

這個意志行為是自由的，任何人都無法觀察這種意志的自由，因為他無法了解這樣的事實：首先，透過直覺的元素，人體所需的活動受到抑制和約束，然後被充滿觀念的意志的心靈活動所取代。

只有無法觀察到這種自由意志行為的雙重本質者，才會相信每一個意志行為都是不自由的。能夠做到這種觀察的人，最終會成功地看清，只要人無法完成壓抑身體活動的過程，他就是不自由的，而且這種不自由會趨向自由，以及這種自由絕對不是抽象觀念，而是人類天性裡原本就有的一種引導性力量。

人類自由所及的程度是，當他覺察到純粹觀念（心靈的）上的直覺形成時，他能夠以意志行為去實現他內在靈魂的心境。

第十三章／生命的價值

與生命目的或命運安排（見第十一章）的問題相對應的是，關於生命價值的問題。在此，我們遇到兩個相互對立的觀點，以及在它們之間所有想像得到的妥協嘗試。

其中一個觀點說，這個世界是所有可想像得到的最好的存在，能夠在這個世界裡生存與活動，是無價的福氣，所存在的每個事物展現出和諧與有目的的合作，都值得讚許，即使是看似不好及邪惡的東西，從較高層次的觀點來看，也可以看成是好的，因為它意味著「好」的對比；只是當好與壞的對比很分明時，我們更喜歡好。此外，「壞」也不盡然是真壞，我們覺得壞的，只是較差程度的好。壞是因為缺乏好，它本身是沒有意義的。

另一個觀點主張，生命充滿了痛苦與欲望，從頭到尾總是痛苦多於快樂，悲傷多於欣喜。生存即是一種負擔，而「不生存」不管怎麼樣都比生存好。

前者觀點（樂觀主義）的主要代表，是沙夫茨伯里（Shftesbury）和萊布尼茲（Leibnitz）；後著觀點（悲觀主義）的主要代表，是叔本華和愛德華．馮．哈特曼。

◆ ◆ ◆

萊布尼茲相信，這個世界是所有可能的世界裡最好的，不可能有更好的世界。因為神是善與智的。一個善神想要創造最好的世界，一個智神知道哪一個是最好的——祂能夠從所有其他較差的世界中，將最好的區分出來。唯有惡的或不智的神，才會創造一個比最好世界更差的世界。

從這個觀點出發的人，會發現很容易制定一個人類行為必須依循的方向，好讓人類行為對世界的最大利益做出貢獻。人類所要做的，就是找出神的勸戒，並且根據祂的勸戒去做事。如果人類知道對於世界和人類，神的意圖是什麼，他就能夠做對的事情，而且他也會因為自己為世界上其他人的利益盡了一份力，而感到快樂。那麼，從這個樂觀主義的觀點來看，人生是值得過下去的，它必定會促進群我的合作參與。

但叔本華對事情的想像就截然不同了。他認為，世界的基礎並不是一個全智和全善的存在體，而是盲目的衝動或意念，對於永遠達不到的滿足、無止盡的奮鬥、不停歇的渴望，這都是活動意志的基本特色。因為一旦達成一個目標，新的需求又浮現出來，如此循環不已，而滿足的發生，只會維持一個很短暫的時間。我們人生其餘的整個內容，就是尚未得到滿足的渴望，也就是不平和受苦。

假如，盲目的渴望最後減少了，則所有的滿足便將從生活中消失，那麼遍布於我們生活中的，就是無窮盡的無趣與煩悶。所以，我們所能做的最好的事，便是抑制內在所有的欲望和需求，並且斷絕意念。緣此，叔本華的悲觀主義導致了全然的靜止，他的道德目標是普遍的閒散。

馮．哈特曼企圖以截然不同的論點建立悲觀主義，並且將它用在道德上。他企圖以經驗作為世界觀的基礎——與我們時代所偏愛的趨勢一致。他希望從生命的觀察中找出，世界上是快樂或痛苦多過於另一個。

為了證明所有所謂的滿足，在更嚴密的審視下最後都會變成假象，他把在人類看來是福氣和好運的東西，都排列在理性的法庭之前。當我們相信健康、青春、自由、充分的收入、愛（性欲滿足）、憐憫、友誼和家庭生活、自尊、榮譽、名聲、權力、宗教啟發、科學及藝術的追求、冀望來世、參與文明進步……我們所擁有的一切幸福與滿足的來源時，那就是假象。

在冷靜地思考後，將明白每一種歡樂都為世界帶來比愉快多更多的邪惡與不幸。宿醉的難受總是多過喝醉的愉悅，所以世界上的痛苦遠多於快樂。如果有人問起的話，沒有人願意第二次終其一生過著這種悲慘的生活（即使是相對於最快樂的）。

既然哈特曼並未否認世上存在著一個觀念因素（智慧），而且還給予它與盲目衝動（意志）相等的立場，所以他可以把原始的存在體歸功於世界的創造，只要他允許世界上的痛苦被用來成就一個明智的世界目的。然而，被創造的存在體的痛苦，就是神的痛苦，因為世界整體的生命，與神的生命一模一樣，而一個全智的存在體，只能夠從苦難（所有的生存都是在受苦）和生存的解脫中了解他的目的。

將生存轉化成更高境界的不生存，是一切創造的目的。世界的進程，是對抗神的痛苦的持續戰，神的痛苦最終會與萬物的滅絕一同消失。因此，人類的道德生活就存在於，參與了萬物的滅絕。

神創造了世界，如此一來，祂才能透過這個世界，從祂無盡的痛苦中解脫。這個世界「或多或少被認為是在絕對者身上爆發的一場癢疹」，藉此，絕對者無意識的癒療力量使自己擺脫了一個內在疾病，「甚或被視為造物者用在自己身上的一劑止痛敷藥，先將內在的痛轉到外頭，然後再一起擺脫掉」。人類是世界不可或缺的部分，神在人類身上遭受苦難，而祂創造人類，是為了驅走他無盡的痛苦，我們每個人所遭受的痛苦，都只是神無盡痛苦汪洋中的一滴水。[35]

人類必須徹底認清追求個體滿足（利己主義）是愚昧的，而且他應該將自己奉獻給

35 哈特曼，《道德意識現象學》，八六六頁起。

神的救贖，並在這樣的引導下，無私地致力於世界的進步。因此，對照於叔本華的悲觀主義，馮·哈特曼的悲觀主義帶領我們走進了一個致力於崇高任務的活動。

◆ ◆ ◆

但是，它的基礎真的是經驗嗎？

為了滿足而奮鬥，意味著我們的活動超出了生活的實際內涵。當一個生物餓了，它的身體功能需要其他生命的血肉以營養形式作為供給，如果它要延續自己的生命，它會為了飽食而奮鬥。

為了榮譽而奮鬥，意味著當一個人的活動受到別人的贊同時，他會只珍視個人所做的或未做完的事情。當一個人發現他所看、所聽等等的世界裡，遺漏了某個他不了解的東西，他會為了知識而奮鬥。

現實中的奮鬥成功實現了，會在個體上創造快樂，失敗則創造痛苦。**快樂和痛苦只取決於奮鬥的實現或未實現**，觀察到這一點，在此是很重要的。**奮鬥本身絕不能被視為痛苦**，所以，假如發生這樣的事情：在一個奮鬥被實現的當下，立刻又產生一個新的奮鬥，就沒有立場說，因為每一次的欲望都是由一再的歡樂或新鮮的愉快感所引起，所以我的愉快誕生了痛苦。要知道，只有當欲望不可能被實現時，才能夠論及痛苦。

即使當我所擁有的歡樂，在我身上創造了想體驗更多或更精進的愉快欲望，我還是不能說，這個欲望是由之前的愉快所創造的痛苦，除非我未能體驗到更多或更精進的愉快。只有當痛苦以愉快的自然後果出現時——**例如，一名女性在性事上得到滿足後，隨之而來的是分娩的痛苦和照顧家庭的辛勞**——我才能在歡樂中找到痛苦的源頭。

如果奮鬥本身會引起痛苦，那麼每減少一些奮鬥就會伴隨愉快發生。但事實正好相反，一個人的生命中沒有奮鬥，人生就變得乏味，於是產生了不快樂。現在，由於在完成奮鬥之前可能要花很長一段時間，而且由於在這期間很滿足於對實現所懷抱的希望，所以我們必須承認，痛苦與奮鬥本身沒有任何的關係，而是只取決於奮鬥完成與否。那麼，叔本華把欲望或奮鬥（意志）本身視為痛苦的來源，不管如何都是錯的。

事實上，相反的情況才是對的，奮鬥（欲望）本身反而能帶給我們快樂。誰不曉得，對遙遠但強烈想要的目標懷抱希望會帶來歡樂呢？這種**歡樂是所有辛勞的伴侶**，而這種辛勞，只有在未來才會為我們帶來成果。

這樣的快樂，與達成目標是沒有關係的，因為當目標達成時，奮鬥的快樂中便增加了達成的快樂。假如有任何人要爭辯說，由一個未被滿足的目的所導致的痛苦，會因為希望落空而增加，所以未達成目標的痛苦，最後會超越達成目標時的快樂，我們要回應說，事實正好相反，而且從前未被滿足的欲望，在某段時間裡的歡樂回憶，往往會減輕未達成目標時的痛苦。在面臨絕望時宣稱「我已經盡了本分」的人，就是這個主張的證明。

說每一個未被滿足的欲望不僅缺乏實現的歡欣，而且欲望本身的快樂也被摧毀的人，就是忽略了已經盡力的滿足感。**快樂和痛苦都不必是欲望的結果才能被體驗，疾病的痛苦就不是欲望帶來的。**

如果有任何人要主張，疾病是未被滿足的健康欲望，他所犯的錯便是把不要生病（我們都視為理所當然）的潛意識願望，當作是一種正面的欲望。**有人獲得一個從未謀面的富有親戚的遺產，他所得到的快樂，也不是以先有欲望為條件。**

所以，假如我們開始調查平衡點是擺在快樂或痛苦那邊，就必須考量欲望的快樂、實現欲望的快樂，以及無需奮鬥便能得到的快樂。在另一方面的考量上，我們要納入無聊的不快樂、未實現奮鬥的痛苦，以及本身沒有任何欲望卻得到的痛苦。在前面最後一項之下，我們還要納入因工作而造成的不快樂，因為這不是我們的選擇，而是被迫加諸在我們身上的。

現在產生了一個問題：在這些盈與虧之間達成平衡的正確方法是什麼？

愛德華．馮．哈特曼相信，這是支撐天平的原因。有一點他說的沒錯：「只有真正感覺到痛苦和快樂的時候，它們才存在。」[36]所以，**除了主觀的情感之外，快樂並沒有一個衡量標準。我的情感必定是難受情感與愉快情感的加總（或抵銷），餘下來的就是快樂或痛苦。**但是，儘管馮．哈特曼說：「雖然每個人的生命都只能依他自己的主觀衡量去安排，但結果決不是每個人都能夠達到生命中所有情緒的正確代數總和——或換句話說，他主觀經驗上的人生估計總值會是正確的。」於是，情感的理性評估再度成為評鑑者。[37]

任何人嚴謹地依循像是愛德華．馮．哈特曼這樣的思想家的想法，會相信有些因素扭曲了我們對快樂和痛苦的平衡判斷，為了正確地評估生命，就必須清除這些因素。

36 《無意識哲學》，第七版，第二冊，二九〇頁。

37 想要透過計算來決定快樂或痛苦的總數哪個比較多的人，便忽略了他們很容易受到計算結果——那種並非親身經歷的東西——的影響。感覺是無法計算的，對生命的真實價值來說，重要的是我們所真正經歷的，而不是想像的計算結果。

有兩種方法可以嘗試。

第一，指出我們的欲望（直覺、意志）以擾人的方式，妨礙到我們對情感價值的冷靜評估。舉例來說，雖然我們會說，性歡愉是邪惡的根源，但我們仍存在一個想法，認為我們內在非常強烈的性直覺，會在腦海中激起對快樂的期盼，可是事實上根本還不到那樣的程度。那是我們想要享受自我，所以不想承認我們為了快樂而遭受痛苦。

第二，可以讓情感受到批判性的檢視，並且試著證明，情感所依附的目標在理性的揭露下，只是假象，而且從我們不斷成長的智慧看穿假象的那一刻起，它們就被摧毀了。

還可以用以下的方式來考量這件事。如果一個有抱負的人想明確地確定（直到他調查的那一刻），他的生命裡是否有一個快樂或痛苦的順差值，那麼他就必須從兩個也許會影響他判斷的錯誤來源中跳脫出來。

有抱負，他個性中的這個基本特色，會讓他透過放大鏡，來看認可他的成就而產生的愉快，以及透過縮小鏡，來看被回絕而產生的羞辱。

當他被斷然拒絕的時候，他感到羞辱，那是因為他有雄心壯志，但被回絕的羞辱在回憶中出現時，反而會比較模糊，而容易感動他的被認可的愉快，卻會給他很深刻的印象。所以，對一個有抱負的人來說，這是一種無可否認的幸事。

在自我分析的時候，自欺會減輕一個人的痛苦，但儘管如此，他的判斷是錯誤的。蓋在痛苦之上的面紗被揭開後，才是他實實在在的經歷，所以他在人生帳本上所記下的，是錯誤的評估。

那麼，為了做到正確的估算，一個有抱負的人必須在做分析調查的時候，應該暫且放下他的雄心壯志。他必須用心靈的雙眼，而不借用任何透鏡去檢視過去的人生，否則他會像商人一樣編造自己的帳本，在收入欄的項目間，填入自己在生意上的熱誠。

但秉持這個觀點的人可能更進一步，會說：有抱負的人還是會弄清楚他所追求的認同，是沒價值的東西。不管是經由他自己或透過別人的影響，他最後會了解，對於有才智的人來說，別人的認同不算什麼，他也會了解到「在所有這類的事情中，除了純粹存在的問題，或最後已由科學解決的問題」，他可以很確信「大部分都錯了，只有少部分是對的……把抱負當作人生方向的人，等於把人生的幸福置於這種誤判的不幸之上」。[38]

如果那個有抱負的人對自己承認這一切，那麼他必須把抱負所想像的現實都視為假象，因此，依附於這些抱負的情感也是假象。在這個基礎上，我們可以說，這種由假象所

38《無意識哲學》，第二冊，三三二頁。

製造的愉快情感，必須被淘汰於人生價值的損益表之外。那麼，剩下的就是去除掉所有假象後的人生快樂總計，而這與痛苦的總計相比，是那麼的少，所以生命是沒有歡樂的，而且不存在比存在更好。

雖然我們一下子就清楚的看出來，由抱負的本能所創造的自欺假象，會在求得快樂的平衡上導致錯誤的結果，但我們仍必須質疑這種關於認清快樂目標虛假特性的說法。

在人生的帳本上刪掉所有伴隨實際或想像的假象而產生的愉快情感收入，是改造了快樂和痛苦的平衡。然而，一個有抱負的人，會在眾人的喝采中得到真正的樂趣，不管後來他自己或其他人是否認為這種喝采只是一個假象。他感覺到的愉快，絲毫不受這種看法的影響而減少。

從人生的帳本上消除所有這種「假象的」情感，並不會使我們對自己情感的判斷變得更正確，而是從人生中抹去了實際上就在那兒的情感。

因此，何必消除這些情感呢？因為不管是誰擁有這些情感，它們必然都是為人帶來歡樂的；因為不管是誰得到它們，都是經由自我戰勝的經驗，而產生純粹心靈上但意義重大的快樂，並非透過虛榮的情感（我是多麼高尚的人），而是透過存在於自我戰勝中的快樂客觀來源。

如果我們從快樂的那一邊取得平衡，但那些快樂是依附於最後變成假象的目標，那麼我們所創造的生命價值，就不是取決於快樂的量，而是值，而這個值又取決於造成快樂的目標的價值。但是，就算我想先用快樂或痛苦的量，來決定生命的價值，我或許也無法預料到已經決定了快樂的正面或負面價值的某種事物。

假如我說，我想比較快樂的量和痛苦的量，看看哪一個比較多，我就必須把所有快樂和痛苦的實際強度納入考量，不管它們在根本上是不是假象。如果有人把生命中次要的價值，歸屬於以假象為基礎的快樂，而不歸屬於能夠在理性的法庭前自證的快樂，那麼他所創造的生命價值，就是取決於快樂以外的因素。

當快樂依附於一個沒有價值的目標，而將它放在次要價值的人，就像經營只生產小孩子玩具的工廠商人一樣，只從自我利益的角度來考量利潤的實際金額。

假如重點只在於衡量快樂的量和痛苦的量，那麼造成某種快樂情感的目標是否為虛假特性，根本就不用討論了。

馮．哈特曼所推薦的方法，也就是理性考量由生命所創造的快樂和痛苦的量，讓我們知道要怎麼闡述自己的理由，要如何在我們人生帳本的收支欄裡寫些什麼。但是，現在要怎麼計算呢？真的能靠理性取得平衡嗎？

如果一個商人計算出來的利益，與可論證的結果或生意上的期望值不一致，他就是犯了估計上的錯誤。

相同的，如果哲學家無法證明在實際的情感中，有從他的論據中提出來的快樂或痛苦的盈餘，無疑地，他就犯了估計上的錯誤。

◆ ◆ ◆

現在，先不要檢視那些悲觀主義論者的計算——他們對世界的看法是以理性來衡量；來看看，假如一個人決定是否要展開人生大業，他首先會想要知道的，必定是所謂的痛苦盈餘會發生在何處。

我們在此碰到的重點是，理性本身沒資格決定快樂或痛苦的盈餘，但它必定會證明，這個盈餘是生命中的一種知覺印象。因為人並非光憑概念而接觸到現實，也會經由思維形成的概念和知覺印象（情感便是知覺印象）的滲透而來。

例如，**一個商人只有在會計師計算出來的損失經事實驗證後，才會放棄事業。假如他覺得不可能，他會要會計師再算一遍，那正是一個人會為了他的人生事業所做的事。**如果一個哲學家想向一個人證明痛苦遠比快樂更多，但那人覺得事情不是這樣，那麼他就會回應：「你的估算弄錯方向了，從頭再想一遍。」

不過，萬一生意上的損失真的大到公司的資金不足以賠償債權人，那麼，假如商人未能隨時以仔細的帳務說明了解他的事業狀態，結果就是破產。相同的，假如在一個人的生命裡，痛苦的量在某個時候變得大到未來的快樂（資金）無法幫助他度過痛苦，那麼人生的破產便是無可避免的後果。

現在，相較於勇敢活下來的大多數人，自殺的人數相對地微不足道，只有非常少數的人會因為痛苦的關係，而放棄人生大業，但由此得到的推論是什麼？不是錯誤的說痛苦的量大過於快樂的量，便是妄言延續生活跟我們所感受到的快樂或痛苦的量，其實一點關係都沒有。

奇怪的是，愛德華・馮・哈特曼的悲觀主義所做出的結論是，人生是沒有價值的，因為它含有痛苦的盈餘，但仍堅稱有必要繼續走下去。

這個必要性存在於前述的事實裡：世界的目的只能藉著人類不停息的辛勤奉獻來達成。但是，只要人類仍然追求一己的欲望，他們就不能勝任這種無私的辛勞，直到他們憑著經驗和理性，確信無法以利己主義追求到人生的快樂時，他們才會獻身於那個崇高的任務。據此，悲觀主義的信念被認為是無私的根源。以悲觀主義為基礎的教育，讓利己主義了解到它本身的無望，進而消滅了利己主義。

那麼，根據這個觀點，奮力追求快樂一開始就是人類天性中的一環，只有在看來不可能實現的時候，這樣的奮鬥才會為了人類更高境界的任務而引退。

但我們不能說，利己主義在真實的感官世界中，被道德世界「經由接受悲觀主義來期望對生命中無私目標的奉獻」這樣的概念克服了。道德觀念並沒有強大到足以支配意志，除非人類得知追求快樂的自私奮鬥無法帶來任何的滿足。人類的自私只想緊抓住快樂，但卻發現，由於他無法實現那些自私的欲望，所以它們變得無趣，於是他離棄那些欲望，而獻身於人生中不利己的目標上。

根據悲觀論者的看法，道德觀念並未強大到足以克服利己主義，但它們基於認清利己主義明顯無望的理由，而建立起它們自己的領域。

如果人類在天性上是追求快樂的，但又無法取得，那麼生存的毀滅和透過不生存的救贖，就是唯一合理的目標。而且，如果一個人所秉持的觀點是，神是世界痛苦的真正承受者，那麼人類的任務便在於促成神的救贖。

然而，透過個體的自殺行為來實現這個目標，並不是促進作用，而是一種妨礙。理性地來看，神創造人類只是為了透過人類的行為，來造成祂的救贖，否則創造就沒有目的了。而且，世界觀中所含有的，正是這種超出於人類事務外的目的。在普遍性的救贖工作中，我們每個人都必須執行他獨特的任務，如果一個人以自殺行為退出這項任務，那麼他原本應該完成的任務，必定要由另一個人來完成，所以必定有人代替他承受了生存的折磨。而且，由於是神在每一個存在體內承受了所有的痛苦，所以自殺行為一點兒也不能減少神痛苦的量，反而是神為了要提供另一個代替品，而增加了額外的困難。

這一切的前提是，**快樂是生命價值的衡量標準**。現在，生命透過一堆本能的欲望（需求）來展現它自己，假如生命的價值取決於它創造的快樂比痛苦多，那麼為它的主人帶來較多痛苦的本能，就必須被視為沒價值。所以，我們要檢視一下本能和快樂，看看是否真的能夠用後者來衡量前者。為了不招致「我們所認為的生命只從『上層知識分子』階層開始」的猜疑，我們會從「純粹動物」的需求（飢餓）開始。

當我們的器官因為缺乏食物的供給而無法維持正常運作時，就會產生飢餓感。一個飢餓的人首先想要的，是滿足他飢餓的需求。一旦營養的供給達到不再飢餓的點，渴望食物的本能就得到了它所要的一切。被滿足的快樂，主要存在於終結由飢餓所導致的痛苦，但對於單純渴望食物的本能來說，又多了一項進一步的需求。因為人不僅渴望藉著攝取食物，來修復器官運作上的干擾，或是克服飢餓的痛苦，他還想藉此帶來味覺上的歡愉。如果他感到飢餓，而且在半個小時內即將有豐盛的一餐，那麼他可能會拒絕其他次等、但能夠較快滿足的食物，才不會破壞他吃大餐的胃口。因此，他需要飢餓來從盛餐上獲得充分的愉悅，所以對他來說，飢餓同時變成了快樂的原因。

現在，如果世界上所有的飢餓都可以被滿足，那麼我們就有歸因於營養需求的快樂總量，這還必須加上他超出一般味覺標準所品嚐出的美味，而獲得的快樂。

假如不需要針對考量中仍未被滿足的那種快樂，以及如果就所擁有的快樂之外，不再接受特定量的痛苦，那麼，這個快樂的量會達到我們所能設想的最高價值。

現代科學所秉持的觀點是，大自然創造的生命多過於它有能力負擔的，也就是說，飢餓的情況多過於它所能滿足的。所以，多餘的生命必定在為生存而掙扎的痛苦中製造了毀滅。無可否認的，在世界的進程中，生命每一刻的需求都大過於供給，於是影響到生命的歡樂。

然而，這種實際發生的歡樂一點也沒有減少。只要欲望被滿足之處，就有相應量的快樂存在，即使在具有欲望的創造物本身或它的同類身上，仍有許多未被滿足的本能需求。不過，被這一切減少的是生命的快樂價值。

假如一個活生生的創造物只有一部分的需求得到滿足，它會體驗到相應程度的快樂，但這種快樂的價值比較低，因為在討論的欲望範疇裡，其生命總需求的比例就比較小。

我們可以用分數來呈現這個值，分子是實際上體驗到的快樂，而分母是需求的總和。當分子等於分母時，這個分數的值是一，也就是說，所有需求都得到滿足了。當創造物所體驗到的快樂多過於它的欲望需求時，分數便大於一；當快樂的量比欲望的總量少的時候，分數便小於一。但是，只要分子有任何一丁點的值，無論多麼小，這個分數絕對不會變成零。

如果快樂的量保持不變，但創造物的需求增加，那麼快樂的值便減少。自然界中的生命也是如此，就滿足其本能需求的比例而言，創造物的數量越多，生命中快樂的平均值就越小。如果本能所開出對我們有利的快樂支票不能全部兌現，其價值就會變小。

假如我前三天有足夠的食物可吃，但之後的三天必須餓肚子，那麼，前三天吃東西的**快樂並不不會因此減少。不過，現在我必須考慮把食物分配到六天裡，所以滿足我食物需求的價值就減半了。**相同的道理，快樂的規模與我的需求程度有關，如果我餓得吃得下兩片麵包，但手邊只有一片麵包，那麼吃下去後，我只能得到滿足飢餓的價值的一半，這就是**決定生命中快樂價值的方法，由生命中的需求來衡量**。

我們的**欲望便是衡量標準，快樂便是被衡量的東西**。飢餓被滿足的快樂具有價值，只因為飢餓存在；快樂價值的明確規模，取決於它在現存飢餓規模中所佔的比例。

然而，我們生命中未被滿足的需求，甚至已被滿足的欲望蒙上陰影，因此減損了快樂時光的價值。但是，我們所說的也可以是快樂情感的目前價值。這個價值越低，快樂在我們欲望的持續性和強度上所佔的比例就越少。

當快樂的量在持續性和程度上剛好符合我們的欲望時，它對我們來說，就具有完整的價值。**當快樂的量小於欲望時，它會降低快樂的價值；當快樂的量大於欲望時，就產生了未被需求的餘額，只要我們在享受快樂的同時，提升欲望的強度，我們仍然可以把它當作快樂的情感**。

假如我們欲望的增加無法跟上快樂的增加，那麼快樂就會變成不快樂，因為原本該滿足我們的東西，現在成了徒增的困擾，和讓我們痛苦的東西。

這就證明了，快樂只有在能夠以欲望度量的時候，對我們來說才有價值，而多餘的快樂情感則會變成痛苦。這尤其可以從一件事上觀察出來：有些人對某種快樂的欲望非常少。有些人對食物的本能需求極小，暢快地吃會令他們作嘔，而這再次證明了，欲望是我們用來衡量價值的標準。

現在悲觀論者也許會說，一個未被滿足的食物需求，為世界帶來的不僅是未得到快樂的不悅，還有實際的痛苦、不幸和欲望。他可以把這個主張建立在這樣的基礎上：飢餓者無法形容的悲慘，和人們從缺乏食物中間接產生的無限痛苦。如果在人類之外，他還想把他的主張擴張到大自然，他可以指向在一年中特定的時間裡死於飢荒的動物。悲觀論者斷言，這些禍害遠超過滿足對食物的需求為世界帶來快樂的量。

◆ ◆ ◆

的確，毫無疑問，我們可以比較快樂和痛苦，也可以估計得出來哪一個有盈餘，就像我們估算盈虧一樣。但是，如果悲觀論者相信，因為痛苦有盈餘，他便能推斷說生命是沒價值的，那他就錯了，因為真實生活從不是這樣計算的。

在任何情況下，我們的欲望會被引導到一個特定的目標上，如同我們剛剛討論過的，跟欲望強度有關的快樂量越大，滿足的快樂價值就越大[39]。我們願意承受多少痛苦作為獲得快樂的代價，也取決於欲望的強度。在此，我們不拿快樂的量、而拿欲望的強度，來和

39 在此，我們不納入多餘的快樂會使快樂變成痛苦的情況。

痛苦的量作比較，假如有人很喜歡吃，他會發現，相對於對吃沒興趣的人，為了有更好的享樂，他更容易忍受一段時間的飢餓。一個想要孩子的女性，不會把擁有孩子的快樂，與懷孕、分娩、哺育等等的痛苦做比較，而會與她對擁有孩子的欲望做比較。

我們的目標絕不是抽象概念的快樂，而是十分明確的具體滿足。如果我們的目標必須由一個特定物或特定的感官知覺來滿足快樂，那麼即使有其他物件或其他感官知覺給予等量的快樂，我們也不會被滿足。例如，如果我們的目標是滿足飢餓的需求，那麼我們就不能用散步的等量快樂，來取代這個快樂。

只要我們的欲望是針對某個固定量的快樂（這種情況很普遍），一旦獲得那個快樂的代價看來是更大的痛苦，我們的欲望便消失了。不過，由於已經鎖定某種特定的滿足，即使附帶著更大的痛苦，實現它仍然會帶來快樂。

但是，因為有生命的創造物，其本能會朝明確的方向移動，然後追求具體的目標，所以在向目標邁進的路上所忍受的痛苦，就不能記為計算中一個等值的因素。假如欲望的強度大到在克服痛苦後，仍然有某種程度的存在——無論痛苦本身有多大——那麼仍然可以獲得完全滿足的快樂。因此，欲望不會把痛苦與獲得的快樂做直接的比較，而會把它自己的強度和痛苦的強度拿來做間接的比較。

問題不在於要獲得的快樂是否大過於痛苦，而在於對目標的欲望，是否大過於相關痛苦的阻礙效應。假如阻礙大過於欲望，那麼欲望必然會讓步，削弱，不再反抗。

既然我們對滿足的需求有特定的方式，那麼相關的快樂便有其重大意義：一旦我們獲得了滿足，便只需要考量減少欲望強度所帶來的痛苦量。如果我是優美風景的熱情愛慕者，我絕不會用山頂優美景致所給予的快樂量，與爬山和下山的辛苦做直接的比較。但在克服了所有的困難之後，我會思考，我對景色的欲望是否仍然十分強烈？

快樂和痛苦只能透過欲望的強度，一起間接地造成結果。因此，問題根本不在於是否有快樂或痛苦的盈餘，而在於獲得快樂的意志，是否強烈到足以克服痛苦？

下列事實能夠證明這個主張的正確性：

當追求快樂的代價是很大的痛苦時，我們給予這種快樂的評價，會高過於從天而降的快樂。當痛苦和不幸降低了我們的欲望，但目標終究達成時，那麼快樂——和剩餘欲望的量的比例相較——會變得更多。

現在，如同我之前所指出的，這個比例代表了快樂的價值。更進一步的證明是，有生命的創造物（包括人類），只要他們能夠忍受相關的痛苦和不幸，便能表現出他們的本能。為了生存而奮鬥，就是這個事實的結果。

所有存在的生命都是為了表現自我而奮鬥，只有在面對勢不可擋的困難阻礙那部分時，才會放棄掙扎。每一個有生命的創造物都會尋找食物，直到缺乏食物毀滅了它的生命；人類也是，不會出手背叛自己，直到他（無論正確或錯誤）相信，生命中值得奮鬥的目標超出了他能力所及的範圍。但是，只要他仍然相信有達成目標的可能性，在他看來是值得爭取的，他便會奮起，抵抗所有的不幸和痛苦。

哲學家必定會先說服自己說，只有當快樂大於痛苦時，意志的行為才有意義，因為在天性上，如果他能夠忍受必要的痛苦，無論那個痛苦有多大，他都會奮力爭取他所渴望的東西。然而，那是這種哲學家的誤解，因為那會讓人類意志取決於原本就不屬於人類本身的條件（快樂的盈餘多過於痛苦）。他意志的原本衡量物是欲望，而欲望，只要它能夠，便會堅決維持自己的權利。

假如在滿足欲望方面的問題只有快樂和痛苦，那麼根據人生而非哲學理論所做的計算，就能與下列做比較。

假設在購買某個量的蘋果上，我拿多少好的蘋果，就必須拿兩倍數量的腐爛蘋果——因為賣家想清倉。而如果少量的好蘋果對我來說，值得在它們的買價外，讓我承受丟棄壞蘋果的代價（花費），我會毫不猶豫地接受腐爛的蘋果。

這個例子闡明了，由本能造成快樂與痛苦的量之間的關係。我決定好蘋果的價值，所根據的並非是以好蘋果總數減掉壞蘋果總數，而是評估，即使同時買到壞蘋果，好蘋果對我來說，是否仍然具有價值。

就像我在享受好蘋果的快樂時，不會去考量壞蘋果的因素一樣，也就是在擺脫了無可避免的痛苦之後，我放任自己去享受欲望的滿足。

即使悲觀主義在「世界上的痛苦多於快樂」的主張上是對的，這對意志也絲毫沒有影響，因為有生命的創造物仍然會努力追求存有的快樂。痛苦多過於快樂的經驗證據，必定能有效揭露幸福論（認為生命的價值在於快樂的盈餘）哲學學派的徒勞無益，但不能證明意志因此是不理性的。因為**意志的基礎，不在於快樂的盈餘，而在於經歷痛苦後所剩餘的快樂還有多少，而這顯然是值得努力爭取的目標**。

◆　◆　◆

有些人試圖以不可能計算世界上快樂或痛苦的盈餘的主張，來駁斥悲觀主義。能否做到任何的計算，決取於要計算的事物，是否能夠在它們的規模上做比較。而事實上，每一種痛苦和每一種快樂都有其明確的規模（強度和期間）。再者，各種快樂的情感在規模上是可以相互比較的，至少大致上可以。

我們知道自己是否能夠從一支好的雪茄或好的笑話中得到更多樂趣，所以從規模上比較各種不同的快樂和痛苦是無法反駁的。

若將任務鎖定在決定世界上快樂或痛苦有盈餘的調查者，他們的起點是完全合理的假設。也許有人主張悲觀主義的推論是錯誤的，但他絕對無法懷疑，快樂和痛苦的量確實可以從科學上來估算，以及因此確定的快樂結餘有多少。

然而，主張這種計算的結果對人類意志有任何影響，就錯得離譜了。讓活動的價值取決於是否有快樂或痛苦的盈餘，就跟活動會受到目標引導一樣，這兩種情況對我們來說都是一樣的。

如果問題只是在一天的工作後，我是否要用遊戲或輕鬆的對話來放鬆自己，而且假如我所做的對於目的有用的事，卻完全不感興趣，那麼我只要問自己：什麼能給予我最大的快樂盈餘？而且，假如天平偏向於痛苦的那一邊，我肯定就會放棄活動。如果我們要為孩子買玩具，在選擇的時候，我們會考慮什麼玩具能夠給他最大的快樂，但在其他的情況下，我們的決定便不會只依據快樂的多寡。

因此，假如悲觀論者相信，能夠證明出現的痛苦比快樂更大量，便是籌劃好無私地致力於文明工作的基礎，他們就是忘了，人類意志在天性上並不允許自己受到這種知識的影響。人類的奮鬥會考量，在所有的困難都被克服後，是否有可能得到滿足，這種滿足的希望便是人類活動的基礎，每個個體的運作以及整個文明的運作，也都源自於這種希望。

悲觀主義的道德觀相信，它必須讓人類以為追求快樂是不可能的，人類才會致力於崇高的道德使命。但是，這些道德使命只是具體的天生本能與心靈本能，而人類總會努力滿足這些本能上的需求，即使痛苦在所難免。因此，儘管悲觀論者想讓人確信快樂是怎樣都追求不到的，但人類一旦正確地認清個人存在體的天性，以及他必須實現的任務，他就會去實現，因為他發自天性地就是想要實現那些任務。

悲觀主義的道德觀主張，只有當一個人放棄追求快樂時，他才會致力於所認為的生命使命。但是，除了滿足人類的欲望需求，和實現人類的道德理想，沒有一個道德體系能夠創造任何人生使命，也沒有任何道德學說能夠剝奪人類在實現欲望時所體驗到的快樂。當悲觀論者說：「不要為快樂而奮鬥，因為你永遠得不到它；要為你認為的使命去奮鬥。」而我們會回應：「但這就是人類要做的事，而且他只為快樂而奮鬥的概念，只不過是一個迷途哲學的發明。」

人類的目標在於滿足自己的欲望，且已考慮到自己所奮鬥的具體目標，並非抽象的「快樂」，而且實現目前對他來說，這便是一種快樂。假如悲觀主義的道德觀說：「不要為快樂而奮鬥，而要為你所認為的人生使命去奮鬥。」它就說中了人類心裡所想要的。

在人類懂得道德之前，他不需要被哲學徹底顛覆，他不需要拋棄他的人類天性。道德存在於為認為正當的目標而奮鬥，而追求那種目標是人類天性，只要所招致的痛苦不會完全壓抑追求目標的欲望，這是所有真實意志的精髓。

道德行為的基礎，並不在於所有的付出都要為了追求快樂而努力的教育，以便冰冷的抽象觀念可以建立起它們的領域，不受到任何強烈渴望享受人生的反對；而在於一個受到觀念直覺支持的堅強意志，一個即使途中佈滿荊棘仍要達成目標的意志。

道德觀念源自於人類的道德遐想，它們的實現仰賴於人類對它們的欲望，強到足以克服痛苦和不幸。它們是人類的直覺，是受其心靈控制的驅動力；他想要它們，因為它們的實現便是他最大的快樂。他不需要道德去禁止他為快樂而奮鬥，然後告訴他，他應該為什麼而奮鬥。

如果他的道德遐想積極到足以供給他直覺，這個直覺又給予他的意志力量，去抵抗所有在他體質上固有的阻礙，包括必然牽涉到的痛苦，他就會為道德而奮鬥。

如果一個人為崇高的偉大理想而奮鬥，那是因為那些理想是他自己的內涵，實現理想會為他帶來歡樂，而相較於這種歡樂，從平凡欲望的喜悅所得到的小格局快樂根本微不足道。將理想轉變為現實，是唯心論者在心靈上所陶醉之事。

◆ ◆ ◆

會根絕由實現人類欲望所帶來的快樂的任何人，首先必須讓人成為一個「不因為他想要、只因為他必須要」而行為的奴隸，因為達成一個人想做的事情，會帶來快樂。

我們所說的好，並不是一個人必須做什麼，而是他想要做什麼——假如他將人類的真實天性完全開發。不認可這一點的任何人，必定首先會把一個人心裡想做的事情都驅散掉，然後從外在指定賦予他意志內涵。

人類珍視欲望的實現，是因為欲望源自於他自身。所達成的事情有其價值，是因為這是他所想要的。如果我們否定一個人所想要的東西的任何價值，那麼真正具有價值的目標，就必須在人不想要的東西上才找得到。

建立在悲觀主義上的道德觀，來自於對道德遐想的漠視。只有一個人認為個體人類心靈本身無法給予奮鬥的內涵時，他才會期待對快樂的渴望，也才能夠解釋所有意志的行為。**沒有道德遐想的人，便不能創造道德觀念，他的道德觀念必定是由別人賦予的。**

從身體的天性來看，一個人是在努力滿足他的低階欲望，但整個人類的發展，也包括那些源自於心靈的欲望。只有當一個人相信人類沒有這種心靈欲望時，他才會主張他必須從外在獲得。那麼，他也就有資格說，人類的責任是做他不想要的事情。

要求人應該抑制自己的意志，才能實現他不想要的任務的每一個道德體系，要處理的不是全人類，而是缺乏心靈欲望機能的人，因為均衡發展的人，所謂的德行觀念是存在於他自身的內在，而非外在。

道德行為並不在於消除不均衡的個人意志，而在於人類天性的完全發展。主張只有摧毀自己的個人意志才能獲得道德觀念的人，並未意識到人想要這些觀念，就像他想要滿足所謂的動物本能一樣。

無可否認的是，這裡概述的觀點或許很容易被誤解。缺乏道德遐想的不成熟者，喜歡將他們半發展的天生本能視為人類最完全的表現，並且拒絕所有並非由他們本身創造的道德觀念，這樣他們才能泰然自若的「活出自我」。

但是，對於完全發展的人類來說是對的事情，對於半發展的人類天性卻沒有用。需要接受教育使道德天性突破低階熱情的任何人，別人期望他不會像期望一個成熟的人一樣。然而，我並不打算指出一個未發展的人，需要明白什麼重要的事情，只是想指出一個成熟的人，其本質內存在著什麼。我打算證明自由的可能性，**自由並非展現在判斷力或靈魂的拘束下所做的行為，而是展現於由心靈直覺所支持的行為**。

自由的人賦予自己自我價值，他的目標不在於快樂——快樂是大自然或造物者所贈予的禮物恩典；也不在於實現一個抽象的責任——切確地說，是他放棄為快樂而奮鬥後，所承認的抽象責任。

他做他想做事，也就是說，依據他道德直覺的標準，然後在達成他想要的事情裡，找到生命中真正的快樂。他以衡量成就與目標來決定生命的價值。將「會」取代為「應該」的道德觀，偏向於純粹的責任，必然以衡量人所實現的責任，和實現責任所創造的需求，來決定人類的價值。也就是說，它用超乎於人類本身的標準來衡量人類。

我在這裡發展出來的觀點，要歸屬於人類本身。它認為**生命的真實價值**，**就是每個個體以自己的意志標準所認定的價值**。對於個體不認可的生命價值，它對那個價值的認同，充其量就是不源自於那個個體的人生目的。它所要觀察的是，完完全全了解自己、他自己的主人，和他自己的評估者的個體。

作者的補充，一九一八

如果一個人太執著在「意志是人類的不理性因素，而且一旦他看清楚這種不理性，他便會明白，道德奮鬥的目標，必定在最終從意志中解放出來」的表面反駁上，就誤解了本章的論點。

一個聲譽卓著的人會對我提出這樣的反駁，是因為他告訴我說，哲學家的工作就是做好缺乏思想會導致動物和大部分的人們所忽略的那一部分。也就是，取得生命價值的適當平衡。

但是，這個反駁正好遺漏了主要的重點。假如自由能夠被實現，那麼人類天性中的意志，必定受到直覺思維的支持；然而，我們同時也發現，意志的行為也可以由直覺思維外的因素來決定，儘管在源自於人類天性實現自由的直覺中，我們才能找到道德及其價值。

倫理個體論很能夠以堅持尊嚴的方式來呈現道德，因為它不以外在的行為標準所認同的意志行為，來看待真實道德，而是以一個人當他培養其道德意志，來作為他整個存在不可或缺一部分時，他內心所產生的信念來看待真實道德，這樣該做什麼對他來說，就不是妨礙他天性發展的道德議題。

第十四章／個體性與族群歸屬

人類注定要變成完整、自主、自由的個體，這個觀點似乎受到以下事實的質疑：人一出生便自然形成整體（種族、民族、國家、家庭、男性或女性）中的一員，而且也在一個整體（國家、教會等等）中運作。他具有所屬群體的普遍特質，而且他行動的內涵，會受到他在眾人之間的地位的影響。

因為如此，所以個體性是有可能的嗎？有鑑於人是從整體中成長的，與其他人結合成一體，那我們可以將人本身視為一個整體嗎？

◆ ◆ ◆

整體中的每一個成員，就其特性和功能而言，都會受到整個整體的影響。一個種族群體是一個整體，所有歸屬於它的人，都具有那個群體在天性上固有的性格特色；單一成員的構成，以及他個人的意志表現，也都受到種族群體特徵的影響。因此，個體的外貌和舉止，就和跟那些群體特徵有關。如果我們問，為什麼一個人在某方面是這個樣子或那個樣子，我們就要把焦點從個體轉向族群歸屬上，因為在族群歸屬上說明了，為什麼個體身上的某些東西會是我們觀察到的那樣。

然而，人類會讓自己不受族群歸屬的約束。因為，人類的種族特徵，在被正確地了解時，並不會限制人類的自由，而且也不應該以人為的方式，來限制人類的自由。一個人會發展他自己的特質和活動，而且我們只能在這個人身上找到這一切的基礎。他的族群歸屬，只是一個可以在其中表現個體存在的環境。他以自然賦予他的這些特徵為基礎，然後再給予這些特徵一個適合個人存在體的架構。

所以，如果我們在族群歸屬的法則中，探索這個存在體表現的原因，是徒勞無功的。我們所關切的是，只能夠從它自身來解釋此純粹個體性的東西。假如一個人完全解除了族群歸屬的束縛，但我們仍決心以類別歸屬來解釋他的一切，就表示我們根本不了解個體性的意義。

如果我們把族群歸屬的概念當作判斷的基礎，就不可能完整地了解一個人。根據族群歸屬來做判斷的趨勢，在提到性別差異時最為明顯，而且難以扭轉。幾乎是一成不變的由男性來看女性，或由女性來看男性，因此，關於異性的普遍描述太多，而關於個體性的描述太少。

大致說來，女性的社會地位之所以不受重視，是因為受到太多方面的影響，並非由於個別女性的特質原故，而是由於人們對女性天生的使命和需求的普遍描寫。一個男性在人生中的活動，是由他的個人能力和愛好來主導，而一個女性的活動，只因為她是女性，就被決定了。她應該接受她所屬族群的模樣，接受普遍女性身分的對待。

只要男性繼續爭論女性「根據其天生性情」適不適合哪種職業，那麼所謂的女性問題，就無法超越它最基本的階段。一個女人（在她天生的限度內）想要成為什麼，最好留給她自己決定。如果女人真的只適合她們目前的職業，那麼她們便幾乎沒有獲得任何其他職業的特質。但是，她們必須被允許根據自己的天性來為自己做決定。

「女人不止是女性，更是個體」，對於所有害怕因為接受這個觀點而動搖社會結構的人，我們必須回應，在一個半數人類的地位都沒有價值的社會結構裡，這個社會結構本身就需要很大的改進。[40]

◆ ◆ ◆

根據別人的族群歸屬特質來做判斷的任何人，他們的程度頂多只達到「人類開始成為以自由自主為其活動基礎的存在體」。缺乏這種程度的事物，自然會成為學術研究上的問題，畢竟種族、民族、國家和性別，只是研究上特別的分枝論題。只想像典型族群那樣活著的人，可能很符合從這類學術研究所產生的普遍描寫，但就單一個體的獨特內涵而言，這些分枝研究中，沒有一個能夠提出完整見解。

根據個體族群歸屬的法則來判定一個個體，這個方法一遇到（在思維和行為上的）自由便不可行。為了擁有完整的現實（參考自第五章起），人類（必須藉著思維的行為）用來與知覺印象產生聯繫的概念內涵，不可能固定不變地永久留傳下去，個體必須透過自己的直覺來獲得概念。

一個人的思維方式，不可能從任何的族群概念中推演出來，這種事情只能取決於個體，所以不太可能從一個人的普遍特質，來判定個體可能會選擇為自己設立什麼具體目標。如果我們要了解一個個體，我們必須找出方法深究他的獨特本質，而不必去理會那些刻板特徵。

40 這本書出版之後（一八九四年），反對上述論點的批評立即指出，實際上，現在一個女人能夠在其性別所屬的特質內，隨心所欲地去個別塑造她的人生，遠比被先是學校、然後是戰爭和職業制度化的男人自由。我曉得這種反駁在今日（一九一八年）會變得更激烈。然而，因為希望讀者能夠體會這種異議有多麼激烈地與本書所提倡的自由概念背道而馳，並且能夠以男性被學校和職業制度化以外的標準，來評判我的上述論點，所以我覺得有必要在這裡呈現我的說法。

按照這樣的方法，每個人類個體都是個別的問題，每一種處理抽象思想和普遍概念的研究，都只是當人類獨立存在，告訴我們他看待這個世界的方法時，我們為了得到相關知識的準備工作；另一方面，也是為了從他意志行為的內涵，得到知識的準備工作。

每當我們覺得在處理一個人身上不受刻板思維和本能意願束縛的元素時，假如我們要從根本上了解他，就不該再援引我們自己所創造的概念。**知的行為存在於，透過思維去結合概念與知覺印象**。觀察者必須和所有的觀察目標，一起透過他的直覺去獲得概念；但是，如果我們想要了解一個自由的個體狀態，就必須用我們的心靈去接收他用來作自我主張的概念——以概念的純粹形式（不是將我們的概念內涵與它們摻雜在一起）。

直接把自己的概念摻雜到每一個關於他人的判斷的人，永遠無法理解個體性。就像自由的個體，不會讓自己受到族群歸屬的特徵所束縛一樣，知的行為也必須不受到我們所理解的普遍性的束縛。

一個人唯有將自己從所有歸屬於族群普遍性事物的束縛中解放出來，才能算是人類群體中的自由心靈。沒有人是完全普遍性的，也沒有人是完全個體性的，每一個人的存在，多多少少已逐漸不受到動物生命的普遍特徵和人類權威命令的束縛。

至於一個人無法達成這種自由的那部分天性，他會用來組成本質和心靈整個組織的一部分，在這方面，他靠著模仿他人或服從他們的命令而生活。但是，只有源自於他的直覺的那部分行為，才具有實際的道德價值。而且，那些他憑著繼承社交本能而擁有的道德本能，會被接納成為他的直覺，進而獲得道德價值。

所有人類的道德活動，都源自於個體的道德直覺，以及人類群體對這些直覺的接受度，這便是一元論最終的結論。

終極問題

一元論的結果

我們所描述關於世界的單一性解釋，也就是一元論，源自於它所需要用來解釋人類經驗世界的原理。它也在尋找觀察世界裡的行為來源，亦即受到自我知識影響的那部分人類天性，尤其是在道德遐想中。

一元論拒絕用抽象的方法去推斷，出現在知覺和思維中的終極起因，會在這個世界以外的地方被找到。對於一元論來說（我們能夠體驗到的），審慎觀察帶給多重知覺的單一性，和人類為了知識需求所需的單一性是一樣的，而且透過這個單一性，一元論才能進入世界的物質與心靈地帶。

◆ ◆ ◆

尋找在這個單一性背後的另一個單一性的人，只是證明了他沒有認清思維所發現的和對知識渴望所需要的一致性。每一個人類個體都不能真正切斷和宇宙的關係，他是宇宙的一部分，在這個部分和宇宙整體之間，存在著一種只能在知覺中被打破的真實聯繫。一開始，我們把宇宙的這部分當作靠它自身而生存的東西，因為我們看不到宇宙用來讓生命之輪轉動、作為基本動力的帶子和繩子。

依然採取這個觀點的人，把整體的一部分看得彷彿真的是一個獨立存在的東西：從外在接收到世界相關資訊的單子（monad，哲學用語，指單一或獨一無二）。如本書所描述的，一元論指出，只要察覺到的東西不是由思維編織到概念世界的網絡中，我們便可以相信其獨立性。一旦這種事發生了，所有個別的實體都將變成因知覺而產生的假象，人類只可以透過直覺思維的經歷，在宇宙的整體中找到其完整和全部的存在。

思維會摧毀因知覺而產生的假象，並且將個體的存在整合到宇宙生命中。概念世界涵蓋了所有客觀知覺印象的單一性，也會欣然接受主觀性格的內涵。思維以其真實的形式（即獨立自主的個體）賦予我們現實，而知覺印象的多重性，則歸因於組織方式的表象。

認清真實的現實，正如抵抗因知覺而產生的假象，一直是人類思維的目標。科學思想耗費極大的努力，憑著找出諸多知覺印象之間的系統性關聯，去辨識出知覺印象中的現實。然而，人類思維所確認的關聯只具有主觀效力，單一性的真實基礎，則要在超越經驗世界的某個實體中尋找（如推論出來的神、意志、絕對心靈等等）。

基於這樣的信念，有人試圖取得除了受經驗影響的知識外的第二種知識，它超越了經驗，並且指出，可以被體驗的世界是如何與不能被體驗的實體（藉由推理，而非經驗所得出的形上學）產生關聯。

有人認為，我們能夠透過訓練有素的思維，去領會世界上事物之間的關聯，原因是，有一個原始的存在體根據邏輯法則建造了世界，同樣的，我們行為的基礎也存在於這種存在體的意志中。但沒有被了解到的是，思維在同一個領會中，同時接受了主觀和客觀，透過知覺印象和概念的結合，才得以傳達完整的現實。

只有當我們認為滲透並決定著知覺印象的定律和秩序，具有概念的抽象形式時，我們才是真正地在處理一些純粹的主觀事物。但是，藉著思維加諸於知覺印象的概念內涵，並不是主觀的，這種內涵並非取自於主體，而是現實。它是現實中無法被知覺行為觸及到的那一部分，它是經驗，但不是透過知覺能力而取得的經驗。

假如有人無法了解概念是一種真實的東西，他便只是在腦海中以抽象形式思考它。唯有透身體組織，它才會以孤立的形式存在，就跟知覺印象的情況一樣。畢竟，**一個人所察覺到的樹，本身並不孤立的存在，它的存在只是大自然這個巨大機器的一部分，而且只能夠存在於與大自然的真實關係中**。而它的抽象概念所具有的現實，就跟它本身帶有的知覺印象一樣少。

知覺印象是被客觀賦予現實的一部分，概念則是（透過直覺）被主觀賦予現實的一部分，我們的心智組織將現實拆解成這兩種要素，其中一個要素出現在知覺當中，而另一個出現在直覺中，只有這兩者結合——也就是，知覺印象有條不紊地融入宇宙——才能構成完整的現實。

如果只採納知覺印象，我們得到的便不是現實，而是支離破碎的混亂；如果只遵守聯繫知覺印象的定律和秩序，那麼我們得到的就只是抽象的概念。**現實並不包含在抽象的概念裡，而是包含在審慎的觀察中**，這種觀察並不是偏頗地僅考量概念或知覺印象，而是這兩者的結合。

◆ ◆ ◆

我們生活在現實中（它是實際生存的根源），即使最正統的主觀唯心論者也不能否認這一點。他只會否認，我們所觸及到的現實，和我們的知與觀念所觸及到的是同一個現實，就是我們真正生活於其中的現實。

另一方面一元論指出，思維既不是主觀也不是客觀的，而是接納兩方現實的一種原理。當我們用思維來觀察的時候，我們是在執行一種本身屬於真實事件秩序的程序，而在經驗裡，我們藉著思維去克服只憑知覺作用而產生的偏頗。

關於現實的本質，我們無法憑著抽象的概念性假設（透過純粹的概念性探討）爭論出一個結果，但只要能夠發現屬於知覺印象的觀念，我們就生活在現實中。一元論並不想把不可體驗的（先驗的、超自然的）東西加諸於經驗，而是要在概念和知覺印象中發現完整的現實。它不從純粹的抽象概念編造出空頭理論，因為它在概念中只看到現實的一面，也就是知覺不知道的那一面，只有在與知覺產生聯繫的時候才有意義。

然而，一元論確實給予人一個信念——相信自己活在現實世界裡，眼光不需要擺在比這個世界更高層次、永遠無法體驗的現實上。於是，在它的壓抑下，人只能從經驗裡而不能從其他任何地方探索絕對現實，因為它只有在經驗的內涵裡，才能夠辨認現實。

一元論很滿足於這個現實，因為它知道，思維有力量為此做擔保。二元論只在可觀察到的世界以外去探索東西，但一元論卻在這個世界裡找到了。一元論指出，我們以知的行為領會現實的真正形式，不會把現實當作介入於人和現實之間的主觀形象。

就一元論而言，世界的概念內涵對於所有人類個體來說，都是一樣的。根據一元論的原理，一個人類個體把別的人類個體視為同類，是因為出現在他心裡的是同一個世界內涵。在一元化的概念世界裡，並不是每個人所想到的獅子都是不同的概念，而是只有一個概念，A用來符合獅子的知覺印象概念，跟B是同一個，只是由不同的知覺主體來理解。

思維將所有的知覺主體引導到所有重複事物的同一個統一觀念上，只要人憑著自我知覺來理解他自己，他就會把自己視為那個特殊的人；一旦他仔細檢視他內在明亮的觀念世界，欣然接受所有個別的事物，他便能夠從他的內在看到鮮明閃耀的絕對現實。

二元論很明確地解釋，神聖的原始存在體滲透於所有人，活在所有人身上；一元論則從現實中發現這個對萬物都一樣的神聖生命。

就一言論而言，另一個人的觀念，實際上也是我的，只是由於我的知覺能力，而將之視為不一樣，但當我思考的時候就不再是如此了。每個人在他的思維裡，只接受整體觀念世界的一部分，所造成的結果是，個體在他們思維的實際內涵上都不一樣，但所有的這些內涵都是在一個獨立自主的整體內，這個整體接受了所有人的思想內涵。因此，每個人在他的思維裡，都掌握了滲透於所有人類的宇宙原始存在體。

活在現實中，並且充滿了思想內涵，同時也就是活在神之中。彼端的世界只是被推斷出來的，而且無法體驗到，它源自於一些人的錯誤概念，他們相信這個世界的自身之內並沒有其存在基礎。他們並未了解到，憑著思維才能找到他們用來解釋知覺所需的東西，也就是因為這個原故，所以思辯從來沒有辦法揭露任何並非取之於既有現實的內涵。

透過抽象推斷而假定的神，充其量是被轉移到「彼端」的人類；叔本華的「意志」是人類意志力量所創造的絕對，哈特曼的「無意識」（由觀念和意志所構成的原始存在體）則是從經驗中抽取出來的兩個抽象概念的結合，而所有以尚未被體驗過的思想為基礎的其他先驗原理也是一樣。

◆ ◆ ◆

事實上，**人類心靈從未超越我們所存活的現實，它也不需要這麼做，因為這個世界包含為了解釋人類心靈所需要的每一件事物**。如果哲學家最後宣稱，他們滿足於靠著取之於經驗的原理，然後轉移到一個假設的「彼端」，去推論出一個世界，那麼當同樣的內涵被允許留在這個世界時（思維所歸屬的地方），他們也可能感到滿足。

所有超越這個世界的嘗試都是純粹的假象，而且從這個世界轉移到「彼端」的原理，無法比它的內在原理能夠做出更好的解釋。假如思維了解它自身，它根本不會做出任何這類超越的要求，因為思想的每個內涵，都必須從這個世界裡檢視，而不是向外尋求知覺內涵，和它所形成的某種真實事物。

想像的目標，只有在轉變成跟知覺內涵有關的心智圖像時，才可以變得合理，也只有透過這種知覺內涵，那些想像的目標變成整體現實的一部分。一個充滿著超越既有世界的內涵的概念，是沒有現實可以對應的抽象概念，我們無法從中想出現實，只能夠想出現實的概念，而為了找到現實本身，我們還必須擁有知覺能力。

一個由我們創造出內涵的原始世界存在體，對任何了解自身的思維來說，都是一種不可能的設想。一元論不否認觀念元素，事實上，它認為一個缺乏觀念那部分的知覺內涵，就不是全然的真實，但在思維的整個領域裡，它發現，沒有什麼能夠藉著否認思維本身的客觀心靈現實，來要求我們走出思維經驗的領域。

一元論認為，一個把自己侷限在知覺描寫，而不深入其互補觀念部分的科學，是不完整的，它也認為，所有未找到在知覺上互補部分的抽象概念，和無法融入包含整個被觀察到的世界的抽象概念一樣，都不完整。所以，它根本不懂那些關於超越了經驗、和原本應該形成形上學純粹假設系統內涵的客觀要素，人類以此所創造的一切，被一元論視為借用於經驗的抽象概念（觀念），而那些創始者則忽略了借用的事實。

根據一元論的原理，我們行為的目標幾乎不可能源自於一個超乎人類的「彼端」。只要我們想到這些目標，它們就是出自於人的直覺，人類不會把客觀的（先驗的、超自然的）原始存在體的目的當作是自己的，而會追求由自己的道德遐想所賦予的個人目的。**以**

行為實現自我的觀念，被人類從一元化的觀念世界裡分離出來，然後作為他的意志基礎。因此，活在其行為中的並不是來自於彼端，然後投入到這個世界裡的指示，而是屬於這個世界本身的人類直覺。

一元論認為並沒有這樣的人在發號施令，會從外在設定我們的目標，並且引導我們的行為。人類找不到這種存在物的根本基礎，但人類也許會研究它的勸告，以便從中得知行為必須導向的目標。他必須依靠自己，賦予他行動內涵的人只有他自己。

在這個世界裡，人類為了決定意志的基礎而活著，如果他往世界的外頭看，他看到的會是空虛。大自然之母滿足他天生本能的需求，如果他想超越這個僅僅是基本需求被滿足的層次，他必須在他的道德遐想中尋找這些基礎，除非他發現由其他人的道德遐想來為他做決定會更為便利。換句話說，他不是必須完全放棄行動，就是必須為他從觀念世界裡給自己賦予的理由、或是別人從他們的觀念世界為他所選擇的理由而行動。

如果他超越了僅是遵守感官本能生活或執行其他人指示的層次，那麼除了他自己外，沒有什麼會是他的決定因素。他的行為必定基於自己的衝動，不受任何事物的影響。這種衝動在一元化的觀念世界裡，是經由觀念上的決定，但在實際上，它只是由人來決定，人可以從觀念世界中取得它，然後將它轉變成現實。

人類將一個觀念真正轉變成現實的基礎，而一元論只能在人類自身裡找到。假如一個觀念要變成行為，那麼在它能夠發生之前，人必須先想要它。因此，這種意志行為只有在人的身上才具備了它的基礎。所以，**人才是他的行為的最終決定因素，人是自由的**。

作者的補充，一九一八

1. 本書的第二部分曾試圖證明，自由會在人類行為的實現中找到。為了這個目的，有必要將那些行為從全部的人類行為中區分出來，如此一來，在無偏見的自我觀察基礎上，我們才能談論自由。這些行為代表著**觀念直覺的實現**，無偏見的觀察者不會把其他行為稱為自由。一個人如果要透過無偏見的方式觀察自己，他必須了解到，他在天性上就是要朝向道德直覺前進，以及實現道德直覺。但是，他對人類的道德天性這種無偏見觀察本身，無法達成關於自由的最終結論，因為要是直覺思維源自於它自身之外的任何東西，要是它在本質上並不是獨立自主，那麼來自於道德的自由意識就只是假象。不過本書的第二部分在第一部分裡找到了自然支持的要素，指出直覺思維是人類在心裡所體驗到的心靈活動。透過體驗去了解這種思維的本質，即等同於一種直覺思維的自由知識，而且一旦知道這種思維是自由的，我們也會處理意志自由可能所屬的領域。

假如我們可以把獨立自主的實質要素歸因於直覺思維的生活，那麼，根據內在經驗，我們會把人類視為一個自由體。不能做到這一點的人，永遠無法領受絕對經得起質疑的自由。我們所重視的這種經驗，在意識裡發現直覺思維，儘管這種思維的真實架構並不侷限於意識。接著又會發現，自由是所有出自於意識直覺行為的明顯區別要素。

2. 本書的論點建立在直覺思維上，它可以用純粹的心靈來體驗，而且透過直覺思維在知的行為中，每一個知覺印象都被置於現實世界裡。本書最主要的目的，就是指出能夠憑著體驗直覺思維做調查研究，但我們也必須強調，這種思維經驗需要什麼樣的思想形式。

它需要的是，我們不該否定直覺思維是知識歷程中獨立自主的經驗。它需要我們承認，這個與知覺印象結合的思維能夠體驗現實，而不用在無法體驗的、推斷出來的世界裡去找尋它，與之相比，人類的思維活動是純粹主觀的東西。

因此，思維是一種要素，人類憑著這個要素，才能從心靈進入到現實（而且事實上，我們不該把思維的直接經驗作為基礎世界觀，和純粹的理性主義弄混）。另一方面，我們從這個論點的整體精神中很明顯可以看出，就人類知識而言，當知覺要素在思維中確立地位時，它只會變成現實的保證。在思維之外，沒有任何事物能夠描繪現實。因此，我們必不能想像出由感官知覺保證它是唯一的那種現實。

在人生的旅程中，我們憑知覺印象得到的，就是會降臨到我們的身上。唯一的問題是，從純粹憑直覺經驗到的思維所給予的觀點來看，期待人類能夠察覺到心靈性的事物，就像察覺到可用感官察覺到的事物一樣，是正確的嗎？這樣的期待也許是對的。因為，雖然一方面以直覺經驗到的思維，是發生在人類心靈中正在進行的過程，但另一方面，它也是一種不用身體的感覺器官，來領會的心靈知覺印象。它是一種察覺者本身在其中很活躍的知覺印象，也是一個同時被察覺到的自我活動。

在憑直覺經驗到的思維中，人類被帶入一個心靈世界，成為知覺者。在這個心靈世界裡，和在他思維的心靈世界一樣，無論遭遇什麼變成知覺印象的東西，他都會認為是心靈知覺世界。這個心靈知覺世界可被看成，與感官知覺世界所具有的、站在感官這一邊的思維，有相同的關係。

一旦去體驗，心靈知覺世界在人看來，就不是不屬於他本身的東西，因為在他的直覺思維裡，他已經有一個在性質上是純粹心靈性的經驗了。像這樣的心靈知覺世界，已經在本書首次問世後我所出版的一些作品中討論過。

《史代納自由的哲學．生命覺醒的奧秘》形成了後面那些作品的哲學基礎，因為它試著指出，**當思維的經驗被正確地理解時，它就是一個心靈上的經驗**。因此，在我看來，能夠嚴肅地採納《史代納自由的哲學．生命覺醒的奧秘》觀點的人，沒有一個會在進入心靈知覺世界的路上半途而廢。

人們當然不可能從這本書的內容，合理推論出我後來的作品裡所敘述的東西。但是，明確理解這本書所說的直覺思維是什麼，將會很自然地導向進入心靈知覺世界的大門。

附錄——新版補充（一九一八年）

來自哲學方面對本書的直接異議，讓我想對這個新版本補充以下簡短的討論。我很清楚，有些讀者的興趣在於本書的其他部分（非本篇），他們會把以下的內容看作抽象概念中無關緊要的一環，然後略過這篇簡短的敘述。

但是，在哲學上所產生的問題，多半源自於思想家的某種偏見，而非源自於人類思維本身的自然過程。除此以外，在我看來，這本書所處理的任務，是關於試圖弄清楚人類天性和每個人與世界的關係。

以下的內容比較像是，哲學家堅持應該當成這類書籍主題的一部分來討論的問題，因為他們憑著自己的思維方式，創造了某些在其他情況下不會發生的困難。如果有人要略過全部的問題，就有其他人會很快地譴責他的不專業，或提出類似的譴責，然後接著又會產生這樣的印象：

在本書中寫下這些觀點的作者，並未接受他沒有在本書中討論到的那些觀點。

我所提到的問題是：有些思想者相信，當一個人試著去理解另一個人的靈魂生活，會如何影響自己的靈魂生活時，便產生了一個特殊的困境。他們說：我的意識世界是被我包圍起來的，同樣的道理，其他任何人的意識世界也是被他自己包圍起來的，所以我無法看透另一個人的意識世界。

那麼，我要怎麼知道他和我是在同一個世界裡呢？

相信可以從意識世界去推論出一個永遠無法進入意識裡的無意識世界理論，試圖用以下的方式來解決這個困境。

它說：在我意識裡的世界，是我內在的一個真實世界的表述，而我沒有進入真實世界的意識通道。

在這個真實世界裡，存在著我意識世界的未知起因，而在真實世界的內在，也存在著我自己的真實存在體，而且這個真實存在體在我的意識裡，只是一個表述。

不過，它的內在也存在著我的同類的存在體，我的同類無論在意識裡體驗到什麼，都與他的（獨立於意識之外的）存在體身上的現實一致。

這個現實，在不能變成意識的領域裡，影響著我的（據說是無意識的）真實存在體，然後按照這個方式，某個東西從我的意識裡被創造出來，代表著（獨立於我的意識經驗之外）意識裡存在的東西。很顯然，在我的意識可以進入的世界之外，這裡又假設性地加上了一個意識無法進入的世界，因為有人相信，若非如此，他會被迫接受這樣的推論：認為在我面前的整個外在世界，只不過是我的意識世界；並且被迫去接受進一步「其他人也只存在於我的意識裡」的（唯我論）謬論。

這個由知識論的幾個趨勢所創造出來的問題，如果有人試圖從本書中所採取的心靈導向觀察的觀點去調查，就可以得到澄清。

首先，當我面對另外一個人時，在我面前的到底是什麼？最直接的東西，就是以感官知覺給予我這個人的身體表象，也許還有關於他說話內容的聽感知覺印象等等。我不僅盯著這一切看，而且這也讓我的思維活動運行起來，而透過我的思維，對方的知覺印象對於我的心智來說，變得一目了然。

我必須承認，當我用思維去領會知覺印象時，它與外在感官所感受到的根本不是同一個東西，在對感官而言的直接表象上，被間接揭露的是別的東西。

純粹的感官表象在與我遭遇的同時，便使自己消失了，但它透過這樣的消失所揭露的，迫使我成為一個思維存在體，只要我在它的影響之下，就會去消滅我自己的思維，然後用它的思維來取代我的。如此一來，我便在我的思維裡領會它的思維，並且當成像是我自己的經驗。

我曾經真的察覺到另一個人的思維，用我的思維去領會直接的知覺印象（它消滅身為感官表象的自己），這是一個完全存在於我意識之內的過程，而且也存在於取代我思維的另一個人的思維裡。

透過感官表象的自我消滅，真正克服了雙方意識間的分隔，這個過程在我的意識裡，憑藉一件事實將自我表現出來：在感受另一個人意識內涵的同時，我幾乎無法感受到自己的意識，那種程度就像在無夢的睡眠中一樣。

一如在無夢的睡眠中，我清醒的意識被消除了一般，在對另一個人意識內涵的察覺中，我自己的意識內涵也被消除了。

會產生看起來並非如此的假象，只因為在察覺另一個人時，首先，一個人意識內涵的消滅，並不是如在睡眠時那樣讓位給無意識，而是讓位給另一個人的意識內涵；其次，我的自我意識的消滅和再度點燃之間的切換，發生得太快，這通常是無法注意到的。

若要解決這整個問題，就要真正地去經歷思維結合知覺印象的結果，而非透過人為概念架構，再加上從意識到不可能變成意識的東西所推論出來的結果。這適用於出現在哲學文獻中的許多問題，思維者應該探索通往思想開明、心靈取向的觀察途徑，只是他們在自己和現實之間，插入了一個人為的概念架構。

在愛德華．馮．哈特曼一本名為《知識論和形上學的終極問題》的專著裡，我的《史代納自由的哲學．生命覺醒的奧秘》被歸類為以「知識一元論」為基礎的哲學趨勢。愛德華．馮．哈特曼抵制的立場是很站不住腳的，我說明如下。

根據他論文中所傳達的思維方式，在知識的理論裡只有三種可能的立場。

第一種是維持樸素觀點的人，這種人將察覺到的現象，視為存在於人類意識之外的真實事物。這表示他缺乏批判性知識，未能了解到，由於一個人的意識內涵，那個人終究只是在他自己的意識裡。他未能理解，人並不是在處理「桌子本身」，而是在處理一個人意識裡的目標。維持這個觀點的人，或是不管基於什麼原因回到這個觀點上的人，就是**樸素實在論**者。但是，這整個立場都不可靠，因為它無法認清，意識除了自身的內涵外，便沒有其他目標了。

第二種是欣賞這種立場而且完全接納的人，這種人是**先驗唯心論**者。但是，他就必須否定屬於「物自身」的任何東西，絕對不會出現在人類意識裡。然而這樣一來，要是這個人十分堅持原則，他就難免淪為絕對幻覺論者，因為他所遭遇的世界，現在將被改造成一個意識目標的總和，而這也是他的意識目標。然後，他不得不（夠荒謬地）將別人也看成只是出現在他自己的意識內涵裡。

唯一可能的是第三種立場，**先驗實在論**。它假設有「物自身」的存在，但在直接經驗中，意識可能對這些物自身並不做任何的處理。這些物自身用一種不用進入意識的方式，超越了人類的意識層面，使我們的意識目標出現在意識裡。一個人只要從意識內涵來推論，就可以得出這些「物自身」，意識內涵是實際上被感受到的一切，但只能被描繪於心智中。

愛德華．馮．哈特曼在上述的論文中主張，「知識一元論」——他認為我的觀點是如此——必須在現實中接受這三種立場之一，但未能做到，因為它並未從它的假設做出合理的結論。

文章繼續指出：

如果有人想找出一個知識一元論者所採取的理論立場是哪一種，他只需要問他幾個特定的問題，然後逼迫他回答。這樣的人絕對不會願意在這些觀點上表達意見，而且會想盡辦法去迴避直接回應問題，因為每一個答案都會顯示出，知識一元論無法主張這三種立場中，會有哪一個與它不同。

這些問題如下：

1. **事物在它們的存在中，是連續性或間歇性的？**如果答案是「連續性」的，那麼他所處理的是某種形式的樸素實在論；如果答案是「間歇性」的，則他所處理的就是先驗唯心論。但如果答案是，它們一方面是連續性的（絕對意識的內涵，或無意識的心智圖像，或知覺印象的可能性），另一方面是間歇性的（有限意識的內涵），那麼先驗實在論就成立了。

2. **當三個人坐在桌邊時，有多少張不同的桌子？**回答「一張」的是樸素實在論者，回答「三張」的是先驗唯心論者，而回答「四張」的是先驗實在論者。當然，這裡假設的是，這些不同的東西是同一張桌子的物自身，而且三張桌子是分別在三個意識裡，對一般所謂的「桌子」的知覺目標。假如有任何人覺得「四張」的回答太扯了，他就必須回答「一張」或「三張」。

3. **當兩個人同時在一個房間裡的時候，有多少不同的人？**回答「兩個」的是樸素實在論者，回答「四個」（也就是說，在兩個意識中各有一個自己和另一個人）的是先驗唯心論者，回答「六個」（也就是說，在兩個意識裡有兩個「物自身」的人，和四個心智圖像目標）的是先驗實在論者。

假如有任何人想指出，知識一元論有別於這三種立場中的任一個，他必須分別對這三個問題提出不同的答案，但我不知道那會是什麼樣的答案。《史代納自由的哲學．生命覺醒的奧秘》的答案是：

1. 只領會到事物的知覺內涵，並且將其視為現實，這種人是樸素實在論者。而且嚴格說來，他並未了解到，只要他在看著東西，這些知覺內涵就會存在，如此一來，他眼前的東西便是間歇性的。然而，只要他一弄清楚現實僅存在於被思想滲透的知覺印象裡，他就會了解，看似間歇性的知覺內涵，一旦被思維的結果滲透，便顯露為連續性的。因此，假如知覺內涵是真實的（但事實上不可能），我們就必須把它們視為連續性的——它們透過思維的體驗而被領會，而且只有被察覺到的那一部分才能被視為間歇性的。

2. 有三個人坐在桌子旁，那麼有幾張不同的桌子？只有一張桌子，但只要那三個人不超越他們的知覺印象，他們就必須說：「這些知覺印象根本不是現實。」只要他們接著用思維去領會桌子，桌子的實際存在便會顯露出來，然後，憑著他們三個的意識內涵，他們在這個現實裡被結合在一起。

3. 當兩個人同時在一個房間裡時，有幾個不同的人？絕對不是六個——即使以先驗實

> 在論的觀點來看都不是——而是只有兩個。我們只能說，在一開始時，每個人所擁有的，只有他和另一個人的不真實知覺印象。這些印象總共有四個，由於它們出現在這兩人的思維活動裡，現實才能被領會。在這個思維活動裡，每個人超越了自己的意識層面，並和另一個人的意識才能甦醒過來。在意識甦醒時，這兩個人——就如睡眠般——並未被自己的意識包圍住。但在其他時候，全神貫注於另一個人的覺察力又出現了，在這樣的思維經驗中，每個人的意識才能理解自己和另一人。我知道先驗實在論者會說，這樣又淪為樸素實在論的說法，但我已經指出，在本書裡，被經歷的思維對樸素實在論而言是合理的。

先驗實在論者和知識歷程相關事務的真實狀態沒有任何關係，他沉浸於思想中，用一連串的思想把自己與事實劃分清楚。

此外，出現在《史代納自由的哲學．生命覺醒的奧秘》裡的一元論不該被貼上「知識論的」標籤，但如果一定要賦予一個稱謂的話，就稱為「一元論思想」。

愛德華．馮．哈特曼誤解了這一切，他忽略《史代納自由的哲學．生命覺醒的奧秘》立論中的所有特點，並且主張我企圖把黑格爾的普世泛邏輯論和休姆（Hume）的個人現象論結合在一起[41]，但事實上《史代納自由的哲學．生命覺醒的奧秘》跟這兩個理論一點兒關係也沒有，這也是為什麼我不想提到約翰・朗克（Johannes Rehmke）的「知識一元論」的原因。《史代納自由的哲學・生命覺醒的奧秘》的觀點就是不同於愛德華・馮・哈特曼及其他人所說的知識一元論。

41 《實踐哲學》，一〇八冊，七十一頁，註釋。

唯有我們是自由的，

我們才是有真實意義的人！

New life 36

New life
36

New life

36

New life
36